中村尚樹
Hisaki Nakamura

名前を探る旅

ヒロシマ・ナガサキの絆

石風社

上空より望む爆心地付近。中央の工場は三菱製鋼。川は浦上川で写真上部の長崎港に注ぐ（H・J・ピーターソン氏撮影。長崎原爆資料館提供）

長崎市の自宅で資料の整理に日夜取り組む原圭三。

原子雲。爆心地より南西約10キロ。香焼島の川南造船所から望む（松田弘道氏撮影。長崎原爆資料館提供）

三菱長崎兵器製作所の浜口町の寮の防火壁。原が働いていた工場の付近(米軍撮影。長崎原爆資料館提供)

うだろうか。

緑の芝で目を休ませてくれていた公園の広場が、石のブロックで覆われている。緑の木陰を作ってくれた豊かな木々は、姿を消していた。長崎市は、被爆五十周年にあわせて公園の地下に観光客用の大規模な駐車場を作り、同時に都市公園として整備したのだった。

こうした取り組みを、複雑な気持ちで見つめている被爆者は少なくない。彼らは「平和」を、そして「原爆」を、観光資源にして欲しくないのだ。

「原爆の日の平和祈念式典はあまりに仰々しく、身の置き所がない」と言う。原爆の惨禍を今に伝えてきた遺構を、県や市が取り壊したり、平和行政の名のもと、新しい施設の整備を進めたりするたびに、気持ちのずれを感じるというのだ。

こうした被爆者は、今や観光施設と化した平和公園を訪れることはほとんどない。彼らは八月九日を迎えると、自分が被爆した場所の近くに祀られている、ささやかな慰霊碑を訪ねてはそっと手を合わせ、亡くなった家族や友人、職場の同僚の冥福を祈っている。そして彼らの多くは戦後半世紀以上が過ぎた今でも、原爆について沈黙を守るか、あまり多くを語ろうとはしないのである。

青空に向かって吹き上がる噴水が虹を作り、観光客が散策する公園の姿は、確かに平和そのものである。しかし私には、公園に敷き詰められた石のブロックが、被爆者の沈黙を覆い隠しているように感じられた。彼らは好き好んで沈黙しているのではない。堅い石のブロックに覆われて、

はじめに

長崎市の平和公園を訪れる場合、ほとんどの人が、電車通りからの道をたどる。その方がわかりやすく、車で行く場合は駐車場もあって便利だからだ。しかし私は、公園をはさんで反対側の、細い路地から、ゆっくりと歩いて行くほうが好きだ。

港町の長崎は、平地の少ない坂の街でもある。石畳の緩やかな斜面を踏みしめると、長崎の息吹が感じられるようだ。道の両側には緑の樹木が生い茂り、強い日差しを和らげてくれる。かつて、一面の廃墟となった土地を、自然が癒してくれている。

戦後半世紀を迎えた年のこと、長崎を訪れた私は、いつものように、小道をたどって平和公園まで歩いて行った。しかし公園に着いて、展望が開けたその時、目の前に現われた光景に驚いた。

公園のシンボルとなっている平和祈念像は、以前のままの姿を見せている。台座を含めた高さが十四メートル近くある、北村西望作の坐像である。高く天を指差している右手は原爆の脅威を示し、水平に伸ばした左手は平和を祈っているという。その眼は、戦争犠牲者の冥福を祈って閉ざされている。だが、彼がもし眼を見開いていたとすれば、装いを新たにした公園の姿をどう思

爆心地上空より望む広島市中心部。白い道路がかつての町並みを残す。コンクリートの建物以外残っていない。川は手前から元安川、本川。写真左側上部で市女の生徒が作業をしていた(1945年11月 米軍撮影 広島平和記念資料館提供)

宮川家の人々。前列左から母・満子、妹・皓江、父・造六、裕行、弟・惇介、左後ろはお手伝いさん〈1935年(昭和10年)、於・埼玉県浦和市の写真館〉

原子雲。約89キロ離れた瀬戸内海上空から撮影。投下後約1時間。(米軍撮影　広島平和記念資料館提供)

語りたくとも語れないように思えてならなかった。

都市は生きものであり、時代とともに変化して、新しい顔を見せる。それと同時に、戦争の爪痕は、次々と消し去られていく。

確かに、負の遺産である原爆の遺構は、生産的な価値を持っているわけではない。しかし、いくら戦災の跡が消えようと、広島、そして長崎という都市が積み重ねてきた歴史を考える時、二つの街に原爆が投下されたという事実そのものを、消し去ったり、相対化したりすることはできない。

戦後、原爆について、その破壊力をはじめ、放射線が人体に与える影響や、被爆者の生活実態など、様々な角度から調査や研究が行なわれた。二度とこうした戦争を繰り返さないという精神の証として、被爆者団体が強く求めていた被爆者援護法も、国家補償の精神が盛り込まれなかったという批判を受けつつも制定された。

こうしたことから、現在の核拡散の問題に対する関心はあるものの、広島、長崎の被爆者問題は、すでに過去のものとして受けとめている人も多いだろう。しかし沈黙する被爆者の向こう側には、今なお絶望の深い闇が横たわっている。

核兵器には、様々な側面がある。ひとつはもちろん、究極の兵器という側面である。わずか一発の核兵器が、敵に与えるダメージは強烈で、破壊効率はそれまでの兵器の比ではない。

核兵器は、一般兵器という概念も生み出した。核兵器が完成したことによって、どんなに残虐な兵器であろうと、生物、化学兵器を除いて、核兵器以外は、ひとくくりに一般兵器とされたのである。たとえ戦争になっても、放射能を振り撒く核兵器の使用は回避したとアピールすることで、「人道的な戦い」という、奇妙な戦争の位置付けがなされるようになる。

しかしそれだけではない。核兵器は人類を、核兵器を体験した者と、まだ体験していない者に二分したのである。

被爆者は、人間が人間に対してどこまで残酷になれるかを思い知らされた存在なのだ。地獄のような焼け跡を体験した被爆者の中には、亡くなった被爆者を助けることができなかったという負い目の気持ちを持ち続けている人も多い。戦後は、結婚相手にふさわしくないなどとして差別を受ける場合もあった。そして社会から孤立感を味わった人々は、自らの人生について沈黙する。

その沈黙の闇を見つめることで、被爆者の視線から、核の傘に覆われた戦後の社会を相対化し、その真実の一面を、垣間見ることができるのではないか――戦争を知らない世代の私は、彼らを取材するなかでそう感じ始めた。


本書は、名もなき被爆者二人の記録である。彼らは、原水爆禁止運動や被爆者援護運動のリーダーでもなければ、悲劇のドラマの主人公でもない。しかし被爆の惨状を目のあたりにした彼らは、長い沈黙を乗り越え、自分たちと何らかの形でつながりのある原爆犠牲者に、自らの内なる声に突き動かされるようにして関わっていった。それは彼らのつぐないだった。二人は原爆で、身体や心に傷を負った被害者であるにもかかわらず、原爆で亡くなった犠牲者に対する罪の気持ちを背負い続けていたのだ。

長崎で記者の経験を持つ私は、二人と付き合いを重ねるにつれて、彼らの記録を本に残しておきたいと思うようになった。

彼らの取り組みは、社会のあり方を変えたわけでもなく、歴史を塗り替えたわけでもない。しかし、彼らによって魂が鎮められた人々が現実にいるのもまた、事実だった。そんな彼らの、沈黙に耐えた声に耳を傾けることで、今の社会のもうひとつの顔が見えてくるように思えるのである。

◉目次

ナガサキの絆——人間の論理

原爆被災地復元区域図

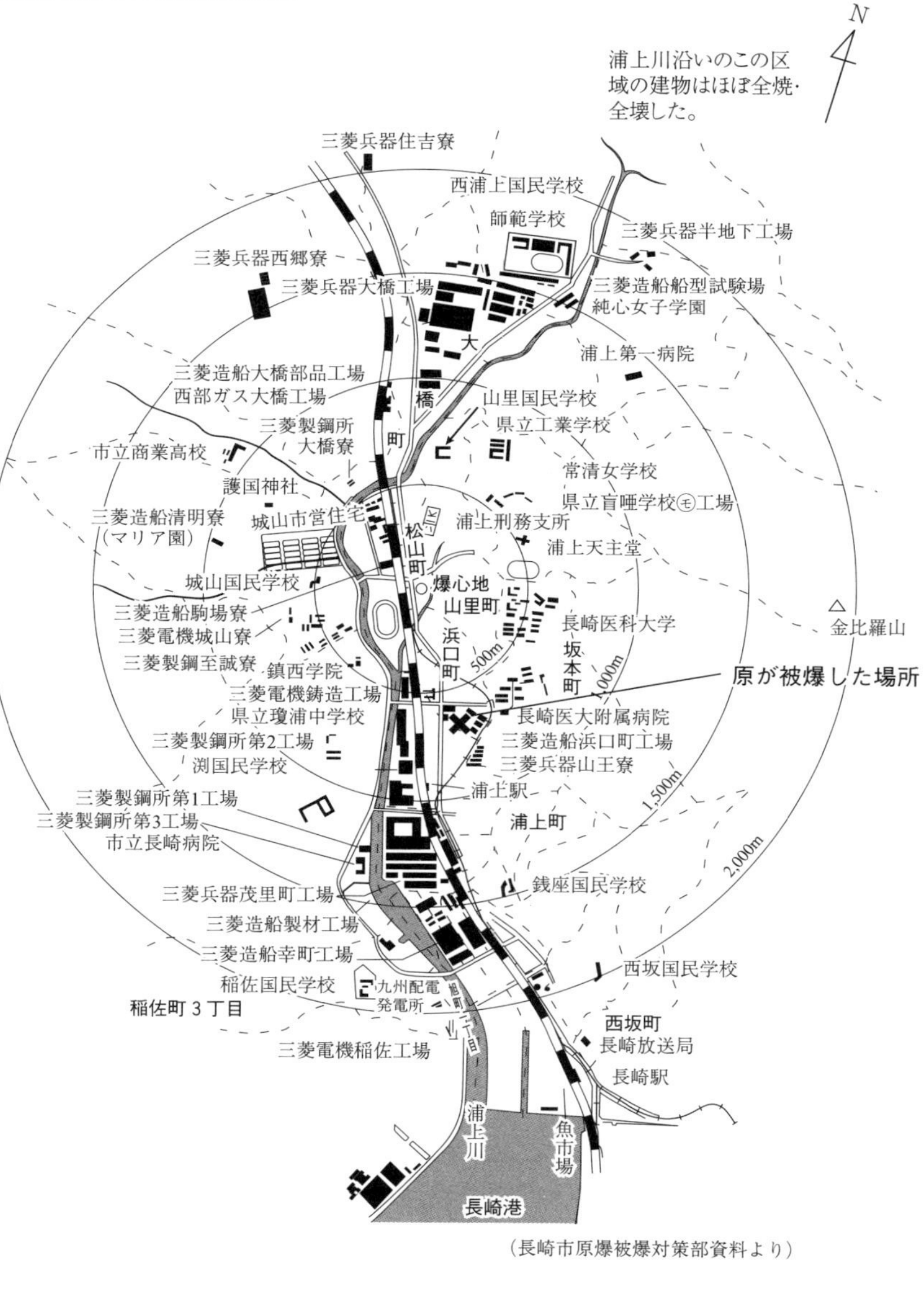

（長崎市原爆被爆対策部資料より）

第一章　突然の訪問

父親が亡くなり新しい墓を作ったのを機会に、毎週欠かさずお参りを続けてきた兄の墓を父の新しい墓地に移すことになった。兄の墓の納骨室は深くて暗い。次兄の兵頭正明が、ワイシャツの袖を土で汚しながら両手を深く差し入れ、やっと骨壷を引き出した。

中に水が入っているようだ。兄が亡くなって四十年以上にもなる。どうやら、長い年月の間に雨水がかなり入ってしまったらしい。正明が蓋を取って、水を全部出した。その時、「カタッ」と小さな、しかし重い音が響いた。

その場にいあわせた兄弟が、何事かと覗き込んできた。底の方に、錆ついた金属が見える。それは両端に締め口のついた、工具のスパナだった。そして骨壷の中にあったものは、それだけだった。

妹の山田貞子は思わず息をのんで、呆然とした。

「かわいそうに……」

ようやく我に返った貞子に出来たのは、そうつぶやきながら、水で濡れた骨壷をハンカチで拭うことだけだった。

人並みの慰霊さえ許されないのだろうか。貞子には、たまった雨水が兄の涙のように思えてしかたがなかった。

一九八八年（昭和六十三年）二月二十五日、宮崎市の郊外にある、兵頭正雄の墓で起きた出来事である。正雄の家族に、彼の不憫な死を改めて思い起こさせたのだった。

七人兄弟の三男として生まれた正雄は、第二次大戦も末期の頃徴用され、親元を離れて長崎暮らしを始めた。兵器工場で魚雷を作るのが仕事だった。それから一年ほどたって新型爆弾、つまり原子爆弾が長崎に投下されたというニュースを家族が聞いた時、正雄はまだ十八歳の若さだった。

正雄の両親は、毎日ラジオに聞き耳をたてた。しかし、長崎の被害についての詳しい情報は何も流れてこなかった。軍需工場は攻撃目標となりやすいだけに、家族は正雄の身を案じた。

しばらく前、正雄から「近々休みをもらって家に帰ります」と、手紙が届いたばかりなのだ。何事もなかったかのようにひょっこりと顔をみせるのじゃないか、家族はそう願った。しかし、正雄から音信はない。

正雄の父は、何度も何度も正雄の勤め先に問い合わせの手紙を送った。しかしそのいずれもが、配達先不明で返送されてきた。

家族は、とにかく長崎へ行ってみなければ、正雄の生死さえわからないという結論に達した。

原爆投下から三週間後、千葉の野戦砲兵学校から復員していた次兄の正明が、叔父の寅雄とともに長崎へ向かったのだった。

その頃の列車はどの方面に行くにも大混雑で、客車でも貨車でも、乗ることができれば良いほうだった。途中で何回も列車を乗り継ぎながら、二人は二日がかりで何とか長崎に到着した。早速、正雄の勤めていた兵器工場のある浦上へ向かった。

爆心地に近づくにつれ、二人の眼にはこれまで見たこともない異様な世界が映ってきた。一面が焼け野原だ。燃え残りの石ころやセメントのかたまりに混じって、黒焦げの死体が道端にまで、ごろごろしていた。

ここまでひどい状況とは予想もしていなかった。こんな被害を受けたのでは、正雄のことなどとてもわからないかもしれない。そう思って二人は心を痛めながら、探し回る内にこんな立て札を見つけた。

「兵器製作所関係者は、三菱長崎造船所へ来るように」

長崎兵器製作所と長崎造船所は、同じ三菱重工に属している。二人は、今来た道を引き返して長崎造船所へと向かった。

造船所では、長崎兵器製作所の工場長という人に会うことができた。彼は原爆が投下された時、たまたまコンクリートで囲まれた変電室の中にいて、難を逃れたということだった。

「工場にいたものはほとんど全員が被爆して、何もかもわからない状態でした。混乱の中で生き残った人たちが、遺体を一カ所に集めて荼毘《だび》に付したのです」

工場長は、被爆後の様子をこう語った。そして二人のわずかな望みはここで断たれた。生き残った人たちの名簿の中に、正雄の名前はなかったのである。

二人は爆心地の惨状を目のあたりにしたばかりである。正雄の死を、受け入れざるを得なかった。

工場長は続けた。

「遺骨は氏名のわからないまま、分骨して壺に入れました」

通された一室には、骨壺の入った箱がうずたかく積んであった。

「誰の遺骨かはわからないが、魂はそれぞれに込もっている」

工場長はそんなことを話しながら、一番上の箱を無造作に取って渡した。

焼け跡の状況から考えれば、これもやむを得ないことだろう。正雄の魂だけでも連れて帰ろうと、二人は篤く礼を述べて造船所をあとにしたのだった。

二人は実家に帰ると、「正雄の魂は連れて帰ったから」と報告し、母に骨壺の入った箱を渡した。両親はその骨壺を、そのまま墓に納めたのだった。

持ち帰った遺骨は、何千分の一の確率ではあるかもしれないが、正雄の遺骨かもしれない。そうでなくても、他の遺族が同じように正雄の遺骨を供養してくれているはずだ。持ち帰った遺骨を大切にすることが、正雄に対する何よりの供養になる——そんな気持ちで、家族はこれまで慰霊し続けてきたのである。

正雄の働いていた三菱長崎兵器製作所は、爆心地から約一・五キロしか離れていなかった。長崎兵器製作所だけで、犠牲者は二千二百名以上、重軽傷は五千六百名にも上った。戦後は会社の機能も停止し、混乱した状態が続いていた。だからといって、荼毘に付した人たちの遺骨を拾いあげることさえ、できなかったのだろうか。正雄の家族が四十年以上も供養を続けてきた、その壷の中に納められていたものは、工場長から聞かされた遺骨ではなく、冷たい金属で作られた作業用のスパナだったのだ。

正雄の兄弟は、このスパナをどうするか話し合った。しかし今さらどうすることもできない。ことに正雄の母は、その時九十歳に近い高齢である。正明の持ち帰った骨壷を正雄の遺骨と固く信じて、供養を続けているのだ。「遺骨が、ありませんでした」などと言おうものなら、驚きのあまり倒れてしまうかもしれない。

海で亡くなった人の遺族は、遺骨の代わりに貝殻を骨壷に入れたりすると聞いたことがある。兄弟でそんな事を話しながら、貞子は「仕方がないね……」とつぶやいた。

結局、このことは兄弟だけの胸の内に納め、母には隠しておくことにした。スパナを骨壷に入れたまま、父の遺骨とともに新しい墓に納めたのだった。

それから一年あまりたった一九八九年（平成元年）夏、土砂降りのある日のことである。年配の見知らぬ男が、正雄の実家を訪ねて来た。応対に出た貞子に、男は突然問いかけた。

「正雄さんの遺骨は、帰って来ておりますか？」

心の準備など何もないままこう聞かれ、「ハッ」と驚きの声を出したあと、貞子は言葉を失った。正雄の墓を移した時の出来事は、貞子たちにとってあまりにショッキングで、兄弟や一部の親戚しか知らないはずなのだ。目の前の人は、なぜ遺骨のことを知っているのだろうか。そのことは、高齢の母には秘密にしてある。知られたら大変だ。そんなことが、貞子の頭の中で一度に錯綜した。

数秒間迷ったあと、「いいえ」と答えた。

「ありますよ」

穏やかな声で男は言う。

「どこにですか？」

「長崎に……」

男は、長崎から来た原圭三と名乗った。正雄の遺骨が長崎にあると言う。無縁仏《むえんぼとけ》、つまり身元のわからない遺骨として祀られているというのだ。

スパナの事件が起きる前だったら、原の話は信じられなかったかもしれない。しかし、あると思っていた遺骨が失われた今、貞子にとって、原の訪問は偶然ではないような気がしてきたのである。

一九四五年（昭和二十年）八月九日、長崎の上空およそ五百メートルで炸裂した原爆は、中心部がセ氏数百万度にも達し、一瞬にして街を灼熱の地獄へと変えた。たった一発の爆弾が多くの命を奪い、都市を破壊した。死を免れても、火傷を負って数十回にもわたる手術を受けなければならなかった人もいる。放射線による後遺症に苦しめられている被爆者は、今なお多い。

表面的には順調な人生を送ってきた人たちにも、原爆は深い爪痕を残している。心の傷は戦後五十年以上の歳月がたっても癒されることなく、むしろ深まっている人たちさえいる。

原圭三は、そんな心の傷に突き動かされて「旅」を続けている。勤め先だった三菱重工長崎造船所はすでに定年退職している。この年代の男性としては背が高く、身長が百七十一センチある。やせ型だが肩幅は広い。額は広く、髪の毛は黒い。ほっそりとした顔に銀縁の眼鏡をかけている。外見は柔和な印象である。

原は、長崎市の郊外に一戸建の自宅を構えている。自宅から一キロほどで隣の市となる、新興の住宅地である。国道から山手に上がる道に入り、カーブを曲がりきったところに、木造二階建てのこぢんまりとした原の家が建っている。玄関脇の駐車場には、白いセダンが停めてあった。庭と言えるほどのものはないが、そのかわり周辺の濃い緑の山林が庭のようなものだ。

車で三十分ほど走った山の中には、三百坪ほどの畑も持っている。十分手入れが行き届いているとは言えないが、それでも原が自分で耕している畑である。時々出かけては、とうもろこしやトマトなどの世話をしていた。今では二人の子供も独立し、妻と二人暮らしである。はたから見れば悠悠自適そのものかもしれない。しかし原は、普段は絶対他人に見せない別の顔を持っている。

今から二十年以上も前、まもなく五十歳を迎えようとしていた原はひとつの決心をした。原爆で亡くなった、三菱の同僚たちの名簿を作ろうというのである。そのために必要な文献を可能な限り調べ、遺族の話を聞くために全国各地をまわった。どこにいても、何をしていても、新たな手がかりはないかと、いつも想像力を働かせた。

自宅の二階にある六畳の原の書斎には、壁の本棚に、ぎっしりと原爆関連の資料や文献が並ぶ。しかし原爆がなぜ長崎に投下されたのかといった、ジャーナリストや大学の研究者が調べた書物は片隅に追いやられている。そういう類の書物も出来るかぎり読みたいと思っているのだが、時間が足りないのだ。

書斎のドアには大きな日本地図が貼ってある。作業に疲れると、地図を眺めては、原爆で亡くなった仲間たちの故郷に思いを馳せる。

その原が、いったん原爆について話しだすと、穏やかで、物わかりの良さそうな表情は消え失せる。何かに突き動かされたように、けわしい顔つきで訴えかける。

「原爆は悪魔の兵器です。核兵器が人類を滅亡に導きかねない、究極の残酷な兵器であることは自明の理です。しかしそれを良いことに、原爆だけを悪者にしようとしている人たちがあまりに多すぎる」

原爆の被害を受けた企業の多くは、会社の記録が焼けて無くなってしまったから、その頃、誰がどこで働いていたのか、はっきりとはわからないという。こうした話を聞くと、原は憤りで身を震わせる。きちんと調べていないだけだと感じるのだ。企業は、儲けにつながらないことには目をつぶろうとする。それでは原爆の犠牲になった同僚が浮かばれない。

たとえ利益につながらなくても、やらなければならないことがあると原は思う。それは半世紀前に原爆で亡くなった同僚たちの眼差しで、社会を見据えることだ。

「彼らがなぜ原爆の犠牲にならなければならなかったのか、それを一人一人が自分に置き換えて考えて欲しい。彼らの無念さや苦しみを、感じ取って欲しいのです」

原にそんな気持ちを強く抱かせるようになったのは、原爆で亡くなった同僚たちの記録を探し始めるようになってからのことである。

私が「原圭三」という名前を初めて耳にしたのは、一九八九年（平成元年）である。その頃の私は、長崎の放送局に勤めていて、原の取り組みを偶然知ったのだった。その時は、原爆で亡くなった会社の同僚の名簿作りに取り組んでいる人がいる、という話だった。

「被爆地ナガサキ」の話題のひとこまにはなるだろう。そんな気持ちから取材を始め、その年の夏、私は原の取り組みを番組で紹介した。しかしその後も、私と原とのつき合いは続いた。原が亡くなった同僚の名前について調べたように、私は「原圭三」という名前に込められた人生を、徐々にたどっていった。

私は、原の心の底に、激しい怒りが渦巻いているのを見た。原爆で失われ、そのまま多くの人々の心から忘れ去られてしまった過去を、原は懸命に取り戻し、あるがままに見ようとしているかのようだった。

原の調査は、遺族や会社など、他の誰かに依頼されたわけではない。かかった費用は、すべて自分持ちである。誰かが手伝ってくれるわけでもない。結果を公表しようということでもなかった。では彼をそうまで、亡くなった同僚たちにこだわらせたものは、一体何だったのだろうか。

第二章　「あの日」のこと

原は一九二五年（大正十四年）四月、長崎県の離島のひとつ、上五島の有川町で、教師の三男として生まれた。有川町は海の幸に恵まれた、人情豊かな町だった。原は成績が優秀だったため、高等小学校の校長まで勤めた父親は、息子を自分と同じ教師にしたがっていた。しかし原は、尋常小学校を卒業して将来の進路を決める時、悩んだあげく、「三菱に行きたい」と父に告げた。

それまで父の転勤に伴って、一家は各地を転々とする生活が続いていた。原にはそれが耐えられなかった。仲の良い友だちや親戚たちと、いつまでも同じ土地で暮らせる生活がしたかったのだ。

そんな原が選んだのが、長崎市の三菱工業青年学校だった。「貧乏人の俺でも実力で評価してもらえるところ」、それが青年学校だと思ったからだ。

三菱工業青年学校は、三菱が一人前の技術者を養成するための学校である。青年学校に入学すると、三菱への入社が約束される。当時の長崎市は三菱の企業城下町である。三菱の社員であることに、長崎の人々は憧れた。

三菱工業専門学校卒業の記念写真
原は当時17歳。1942年（昭和17年）

各地から秀才が受験して、六人の内一人の割合でしか入れない難関だった。しかし、親の言うことを聞かなかった手前もあって原は懸命に勉強し、十四歳の春、見事、試験に合格した。そして三年後の一九四二年（昭和十七年）四月、原は晴れて三菱重工長崎造船所に入社した。

こうして、原が将来への希望に胸を膨らませていた中でも、戦局は徐々に悪化していった。

一九四四年（昭和十九年）八月十一日、長崎市ははじめて空襲を受けた。夜の十一時頃、灯火管制で真っ暗な長崎の空を引き裂くかのように、B29が焼夷弾や爆弾を投下したのである。爆弾は目標の三菱重工長崎造船所をややはずれ、稲佐山の山裾の地区が被害を受けた。その時、三菱工業青年学校で同級生だった原の友人も、稲佐山の麓の自宅に投下された爆弾で亡くなっている。十九歳だった原はこの夜、はじめて空襲の怖さを知った。

翌一九四五年（昭和二十年）に入ると、戦況はいよいよ悪化した。四月には、長崎港近くの空襲で、百人以上もの死者が出た。さらに七月から空襲は回数を増した。グラマンなどの米軍機が、長崎の空を我がもの顔に飛んできては爆弾を落とし、超低空で機銃掃射するのである。

八月一日。長崎に対する第五次空襲、いわゆる長崎大空襲の日である。長崎は原爆だけでなく、その直前にも大空襲の被害を受けていたのだ。

その頃会社から出されていた命令は「警戒警報はもちろん、空襲警報になっても仕事を続けよ。本当に空襲が始まってから避難せよ」というものである。しかしそれでは、働く側としてはたまらない。そこで工員たちは、自衛手段として空襲の監視当番を編成し、警戒にあたったのだった。そして八月一日の当番が原だった。

働いていた浜口町工場の外で空を見ていると、突然、稲佐山すれすれに爆撃機の大編隊が現われた。

「空襲！　空襲！」

原が叫んだのと同時に、工場のすぐ近くに爆撃機が爆弾を落とすのがわかった。その瞬間、狙われていると思った原は、弾かれるようにすぐ近くの防空壕に飛び込んだ。

ヒューン、ヒュッヒュッと、空気を切り裂くような鋭い音がした。爆弾の距離が近くなると音が高くなる。これまで聞いたこともないような鋭い音が聞こえたかと思うと、ガーンと頭を割られるような衝撃を受けた。同時に防空壕が激しく揺れた。

「死にたくない、死にたくない」

原は必死にそう思った。

その一方で、妙なことに頭の隅では「きょうは何日だろう」と考えていた。きょうが自分の命日になるかもしれないと思ったのだ。しかし、そんな単純なことさえ思い浮かべることができなかった。それほど気が動転していたのだ。

その日の空襲は三十分ほどだった。しかし原には、二時間にも三時間にも思われた。原はその時の恐怖を、今でも忘れることができない。

爆撃機が去った後、防空壕から出てみると、本来は四人用の防空壕に、何と十六人も入っていた。どうやって入りこんだのか、誰もが首をかしげるばかりだった。この日の空襲で長崎市全体の犠牲者は百六十九人、行方不明は四十人に上った。

大空襲の翌日のことである。徴用の男子工員の一人が工場に出て来ない。まだ十代の若い工員だった。上司から原に対し、その工員を捜すよう命令が下りた。

原は、寮や食堂など、工員が立ち寄りそうな所を捜しまわったが見つからない。これはきのうの空襲に怖じけずいたのだと思いつき、浦上駅に急いだ。案の定、プラットホームで列車を待つ長い列の中に彼はいた。大分県の実家に帰ろうとしていたのだ。

「見逃して下さい」と必死に頼まれた。

その彼を、原は怒鳴りつけた。

「兵隊さんたちがお国のために働いているというのに、田舎へ逃げ帰ろうというのか！」

なおも見逃して欲しいと食い下がる部下を「敵前逃亡のような行為は許さない」と引きずって、

工場に連れ帰ったのである。原がそうして連れ戻した工員は、原爆で死亡した。その頃の原は、軍国主義の末端に、確実に組み込まれていたのだった。

そんな原の心に、軍国主義への疑問を投げかける事件が起きた。長崎大空襲の数日後のことである。

朝七時十分前から始まる朝礼の時、三百人ほどの工員を前に玉木淳介工場長が突然、耳を疑うような話を始めた。

「きょうから警戒警報のサイレンが鳴ったら、仕事をやめて避難してよろしい。何かあったら、すべての責任はこの私が持つ」

校庭に並んでいた原たちは驚きで顔を引きつらせた。それは、うれしかったからではない。一斉にきょろきょろとあたりを見回した。

空襲警報はおろか、爆弾が落ち出すまでは仕事を続けよと、軍の意向に従って会社から通達が出されているのだ。「警戒警報で仕事をやめて逃げろ」などという言葉が憲兵の耳に入ろうものなら、とてもただでは済まない。今は聞かれなくても、やがてこの話が洩れるかもしれない。その心配と不安が、原たちを襲ったのだ。しかし玉木工場長は話を続けた。

「機械や設備はたとえ空襲で壊されても、また復旧出来る。だが、みなの命はひとつだ。復旧はできない」

今の時代なら、人命優先は当前のことだ。しかし何かというと非国民呼ばわりされ、まして軍に反抗するようなことを言えば、直ちに投獄されかねない戦時中のことである。自らの危険を顧みずに部下をかばおうとする玉木工場長の言葉は鮮烈だった。原は、深い感銘を受けた。

その頃は、敵機が来ても最後まで逃げないで戦う「防空敢闘の精神」が、一般の家庭にまで徹底されていた。「焼夷弾が投下されたら、竹ぼうきで火を消せ」というのである。そのため市民は空襲でも逃げることが許されず、犠牲者を大幅に増やした原因のひとつといわれている。

しかも原が働いていたのは、日本でも有数の軍需工場である。操業をぎりぎりまで続けさせる、という軍や会社の意向は徹底されていた。

「昭和二十年の正月ごろからの各工場長は、まるで陸軍の部隊長みたいなようで、部下に軍事教練をさせておられました」（『原爆前後』より）という工員の手記もある。工場では軍隊式の指揮の下、生産が最優先されていた。

しかし玉木工場長は、他の工場長とは違っていた。玉木工場長は、三十三歳の若さで工場のトップとなったエリートである。部下を踏み台にして出世していく人たちが多い中で、玉木工場長はたとえ自分を犠牲にしてでも部下を守ろうとする信念の人であった。玉木工場長は、組織よりも個人を優先した。死を前にした同じ人間として、原たち部下の工員に接したのである。

それ以来、原の生涯で、玉木工場長は最も尊敬する人物となった。その後の原の人生で、たとえ会社や世間が何と言おうと、自分が正しいと思ったことを正直に貫きたい、という気持ちを芽ばえさせたのが、玉木工場長だった。

しかし原は玉木工場長について、個人的なことはほとんど知らない。記憶にあるのは、何かの機会に工学便覧の内容について質問した時のことである。自分にとっては雲の上の人なのに、玉木工場長がまだ若輩の原に丁寧に答えてくれたことを覚えている。わずかな記憶だが、心根の優しそうな人であった。

戦争末期の極限とも言える状況のなかで、どうして玉木工場長は優れた人間性を保ち得たのだろうか。その理由を、原はついに知ることができなかった。原爆の投下が二人の運命を分けてしまったからである。

八月九日午前六時四十分。作業開始の準備をしていると警戒警報のサイレンが聞こえた。玉木工場長から「警戒警報で避難してよい」と言われてから最初の警報だった。原たちは、工場から歩いて四、五分のところにある長崎医大の南側の雑木林に避難した。

爆撃機がすぐ近くに来てから出される空襲警報とは違って、その前の段階である警戒警報は、まだ気持ちに余裕があった。雑木林の中に数人ずつかたまって、会話がはずんだ。

「いっぺんでよかけん、銀シャリば腹いっぱい食うてみたかなぁ」

話題にのぼるのは、食べ物の話ばかりだった。間近に迫っていた戦争の行く末など口にしたものは、誰一人としていなかった。

二時間ばかりで警戒警報は解除となり、原たちは工場へ帰り始めた。雑木林の横の細い道を下り始めた時、後輩の浜口勝と中村晴一が後ろから声をかけてきた。

「きょうは、僕たちが壕掘り当番に行きますけん」

空襲が日に日に激しくなり、当時はどこの工場も防空壕を掘っていた。原たちがいた工場でも、一カ月程前から防空壕を掘り始めていて、毎日それぞれの係りから壕掘り当番を出していた。しかし二人に「僕たちが行きます」と告げられた時、原はなぜか、「きょうは僕が行くよ」と、つい口にしてしまった。

実は原は、その防空壕掘りにはまだ一度も行ったことがなく、防空壕の正確な場所さえ知らなかった。二人はそんな原にけげんそうな顔で、「あんたは、みんなの仕事ば見てやらんばいかんでしょうが。僕たちが行きます」と言葉を継いだ。

その頃は、働き盛りの年代の多くが兵隊にとられ、残ったのは年少者と年寄ばかりだった。徴用で工場に来た者たちのほとんどは、まだ設計図も読めない。

そんな事情を考えると、二人に「みんなの仕事を見てやるべきだ」と言われたのはその通りだった。しかし原はその日、妙に意地を張った。「いや、俺が行く」と言ってしまった。言い出した以上は、引き下がりたくない。口論になったあげく原は、「命令！」と叫んでしまった。

その時二十歳だった原は、ヒラの工員である。しかし、その中でも階級が分かれていた。下から、二級工員、一級工員、上級工員、三等工手、二等工手《こうて》、一等工手の順で地位が上がった。そして原は、三等工手だった。その頃、上司からの「命令」という言葉は、天皇からの命令と思えと教えられていた。「命令」と言われたら部下は従うほかない。二人はあきれたような顔をしながら、原の言葉に従ったのだった。

原がはじめて行った防空壕は、奥行はまだ十メートルほどしかなく、高さも腰をかがめないと入れないほどの貧弱なものだった。

戦争中、当初作られていた防空壕は空き地にすり鉢状の穴、つまりたて穴を掘り、その上に丸太を置いて古い畳などを乗せ、さらに泥をかぶせるというお粗末なものだった。この程度のものでは、本格的な空襲にあうとひとたまりもないことがわかり、小高い丘などにトンネル状の横穴を掘って防空壕にする作業が、あちこちで行なわれていたのだ。

原が入った防空壕は爆風対策のためか、横穴の途中さらに四カ所ばかり、枝状の横穴が掘り始められていた。防空壕の中にはところどころに裸電球がぶら下がっていた。低い天井から水滴がぽたぽた滴り落ちる中、原も含めて二十人あまりの工員が黙々と作業に取りかかった。

土は意外に固く、汗と天井から落ちてくる水滴で身体はずぶ濡れになった。しかし、原は「自分が行く」と我を張った手前、一度も壕の外に出ずに二時間余り掘り続けた。

やっとザル四、五杯分の土がたまったので外に捨てに行こうと原が立ち上がった、その時だった。

「ゴォーッ」という、鼓膜が破れんばかりのごう音が、壕を揺さ振った。まるで地球が崩れだしたような、巨大で不気味な音だった。防空壕の一番奥にいた原は、音を聞くと同時に壁に強く叩きつけられた。壕の壁で鈍く光っていた裸電球も、長い糸を引くようにスーッと消え、壕の中は真っ暗闇となった。混乱した頭の中で原は、直感的に直撃されたと感じた。

「生き埋めだ！」、「助けて！」

闇の中で悲鳴と絶叫が交錯した。しかしそれも五、六秒たつと、不気味な静寂に変わった。人間は極端な恐怖に襲われると声が出なくなることを、原はその時知った。

不気味な静けさの中で、原の胸に両親や兄弟の顔が浮かんだ。しかしそれも、一瞬のことだった。あとは「助かりたい！　助かりたい！」の一心に変わり、身体が震えた。

静寂を破るように、原は突然大声をあげた。

「原圭三、落ち着け！　落ち着け！」

そう四回繰り返した。真っ暗な中であぐらをかいた。まだ心と身体の動揺は治まらない。だが、「落ち着け」と自分に言い聞かせていた時、電球が糸を引くように消えたのを思い出した。

電球には電線がついている。電線を伝って行けば外へ出られる。そう気がついて、何とか電線を探り当てた。

右に行くか、左に行くか、一瞬迷った。しかし間違えたらまた戻れば良いと、とにかく電線を

気絶しているのか、全く声を出さない。しかし死んでいるのか、
たどって進み始めた。途中何度も人を踏みつけ、その度にぎょっとした。しかし死んでいるのか、気絶しているのか、全く声を出さない。

その時、闇の中で、何人もの男たちがブツブツと、言葉にならない声を出しているのが耳に入った。壕掘りをしていたのはみな、まだ年若い者ばかりだったのに、原には老人のつぶやきのように聞こえた。言いようのない恐怖が再びおそってきた。

わずか十メートルほどの防空壕が、異様に長く感じられた。普通であれば入り口から五、六メートルくらいのところに来れば、外からの光で明るいはずだ。しかしその時は、天井の土が相当崩れ落ちて、土ぼこりがもうもうと立ちこめ、入り口から二メートルくらいのところまで来て、ようやく入り口がわかるという状況だった。

原はようやく入り口にたどり着いた。今度は早く防空壕から出た方が良いのか、しばらく中にとどまった方が良いのか、判断がつかない。迷ったが、中にいては恐怖心が増すばかりと、結局、防空壕を出た。ごう音から六、七分たっていただろうか。

出た瞬間ものすごい熱気と煙に襲われ、次に自分の目を疑った。壕に入る前、入り口の前に確かにあった芋畑がなくなっているのだ。とうきび畑もない。すぐ近くの家もない。外国人墓地の森もない。すべての緑がなくなり、真っ黒なはげ山があるばかりだ。呆然としながら、勤めていた工場の方向を見た。目を皿のように見開いても建物がない、工場がなくなっている。それどころか、他の商店も住宅もない。

長崎医科大学付近の焼け野原。原はこの付近で被爆した。
1945年（昭和20年）9月〈小川虎彦氏撮影　長崎原爆資料館提供〉

朝はたくさんの人たちが往来を行き来していたというのに、今は誰もいない。あたり一面、建物の残骸が散らばった焼け野原があるだけだった。一瞬にして街が消え去っていたのである。原はその場に立ちすくんだ。

原がいたのは、爆心地からわずか六百数十メートルの地点だった。この付近に吹きつけた爆風は、毎秒二百メートル以上と推定されている。最大級の台風でも秒速八十メートルである。これだけ強力な爆風にさらされると、はんぱな鉄筋コンクリートの建物では歯がたたない。

そこには廃墟と化した街の姿があった。あちらにもこちらにも黒焦げとなった人が倒れていた。首のない死体、片腕をもぎとられた人、畑のくぼみでまだわずかに動いている人、爆風で吹き飛ばされ、建物の壁に叩きつけられた人、倒れた家の下敷きになった人、そして「助けてくれ……」とつぶやくように救いを求める人。しかし助けようにも全身が黒く焼け焦げた人ばかりで、到底助かりそうにもなかった。そんな人たちが、何百人といるのだ。原は混乱してどうすればよいのかわからなかった。悪夢を見ているのだとしか思えなかった。

青々とした緑で木陰を作ってくれていた楠の大木も、幹から上の部分はどこに飛んでいったのかわからない。残った根元の部分も、「プスプス」と音を立てていた。ちょうど鰯を七輪で焼く時のようだった。

屋根瓦に火ぶくれの泡が出来て表面が融けていた範囲などから、爆心地を中心に半径一キロ以内では少なくとも千八百度以上の熱線が、地上を襲ったと推定されている。原爆の火球は爆発の瞬間、セ氏数百万度に達した。灼熱の地獄となった爆心地近くでは、桁外れの爆発の高熱で一瞬にして炭化した遺体が残されている。

爆心地から至近距離にいながら、原はなぜ大きなけがもなく助かったのか。原がいた防空壕の穴は浦上駅の方向を向いていた。つまり原爆の投下地点に対して、約百十度の方向であった。このため、奥行がわずか十メートルほどしかない防空壕だったが、とりあえずは防空壕の役目を果たし得たのであろう。それでも爆風は防空壕の中にいた原たちを壁に叩きつけるほど、強い衝撃を与えた。もし防空壕の穴の方向が少しでも爆心地の方向にずれていたら、原のいた防空壕にも猛烈な爆風が直撃し、原は他の多くの犠牲者と同じ運命をたどっていたことだろう。

浜口町～岩川町の通り一帯。中央に三菱長崎兵器製作所の浜口町の寮の防火壁が残っている。原が働いていた工場の付近。〈H.J.ピーターソン氏撮影、長崎原爆資料館提供〉

原は、吹き上げてくる熱気に耐えきれず、まったく緑のなくなった金比羅山の中腹まで登った。歩けど歩けど、あたりは一面の死体とがれきの山ばかりだ。工場の仲間たちのことが気になって、何度も何度も後ろを振り向いた。しかし人影を見ることはなかった。

被災を免れた自宅で一夜を過ごした原は、翌日、空が白みかけると浜口町の勤め先の工場に出かけた。あの惨状を再び目のあたりにすることへの恐怖はあったが、仲間のことが気になってしようがなかったのだ。勇気を振り絞って工場へ向かった。

道は影も形もなく、見渡す限りの焼け野原だ。足元はまだ熱い。焼け跡を歩いていた時、一番怖かったのは米軍の戦闘機のグラマンだった。もし機銃掃射を受けると、隠れるところがどこにもない。グラマンの気配を感じたら灰をかぶって死んだ振りをしよう。そんなことを考えながら工場にたどり着いた。

壊れた建物の中には焼け焦げた遺体が数えきれないほど転がり、何ともいえない死臭が漂っていた。どの遺体からも、顔や腕からは白い骨が見え、男女の区別さえつかない無残な状態だった。

「原さん……」

その時男の声で、かすかに原を呼ぶ気配がした。驚いて、声のした辺りを探した。かまどの方からまた、「原さん」と呼ばれた。かまどの中に隠れていた工員が生き残っていたのだ。

「良かった！」

そう思ったのも束の間、原は呆然として、言葉を失った。声の主は顔だけでなく全身が黒く焼け焦げている。相手が誰か、わからないのだ。

「さん」づけで呼ぶところをみると、自分の知っている後輩だろう。しかし原は、「君は誰だ」と聞くことはできなかった。誰だか見わけることができないほど焼け焦げていることを、相手に告げることになってしまうからだ。

「水を飲みたい」と頼まれた。原は焼け野原の中で水道の蛇口を開けてまわったが、どれからも水は一滴も出なかった。助け起こすこともできなかった。全身がぼろぼろと、崩れ落ちるかもしれないからだ。

「まもなく助けが来るからがんばれ」

原はそう励ますのが精一杯だった。どうすることも出来ないまま、時間が過ぎていった。そのうち、声が聞こえなくなった。彼にとって原は、生きて最後に話した人間だ。それなのに、彼の名前さえ知ることができなかった。それを、原は今でも悔やんでいる。

一九四五年（昭和二十年）八月九日木曜日、午前十一時二分、長崎市の北部、松山町の上空でアメリカ軍の爆撃機が原子爆弾を投下し、炸裂した。

亡くなった人は、長崎市原爆資料保存委員会が一九五〇年（昭和二十五年）七月に発表した調査報告によると、七万三千八百八十四名と推定されている。この人数は一桁まで示されているため、かなり具体的なデータと思われるかもしれないが、あくまで被爆前の人口や、一定の距離内の死亡率などをもとに、計算によってはじき出された推計である。ちなみに長崎の人たちはこの人数を、「ナ（七）ガサキでは、み（三）な、ぱちぱち（八八）死（四）んだ」という語呂合わせで覚えているという。この報告では被爆直前の長崎市の人口を二十一万人前後と推定しており、実に市民の三人に一人が亡くなったことになる。

原は後に、原爆をテーマにしたある劇を見た時、被爆直後と説明される情景の中で、被爆した人に扮した役者が「水が欲しい」と言う姿を見て、「こんな劇はうそだ」と思った。原が防空壕を出た被爆直後に出会った人の内、口がきける人は「助けて」と言葉少なにつぶやくだけだったのだ。確かに原は工場の焼け跡で、「水を飲みたい」と声をかけられた。しかしそれは翌日のことで、被爆直後のことではない。劇団側は「被爆直後」の意味として、原爆投下から数日くらい含めていたのかもしれない。しかし、まさに被爆して数分後の光景を目のあたりにした原にとって、被爆直後という言葉を曖昧なまま使われるのを聞くと、「わけもなく腹が立つ」と言う。

原爆資料館に行くと、「被爆直後」の状況を説明する資料として、ぼろぼろに焼けた服が展示されている。なぜこんな物を見せるのかと思う。爆心地から六百メートル地点の状況と一・五キロの状況を、「被爆直後」の状況という一言の説明で一緒にされるのが腹立たしいのだ。

「あの時、服を着ていられた人は良い方なのだ。被爆直後の爆心地近くでは、誰もが丸裸だった。身体は灰をまぶしたように黒く、血まみれだった。皮膚が垂れ下がっていた人も多かった」

原爆が投下された時、原がいた防空壕の跡は、今は住宅を見下ろす小高い丘になっている。一帯は墓地となり、ところどころに緑の樹木が生い茂っている。あの頃をしのばせる物は何も残っていない。しかし原にとっては、自分と後輩たちの生と死とを分けた無念の場所である。

「なぜあの時意地になって『俺が行く』と言ったのか、今でもよくわかりません。ただ、一度は自分も防空壕を見てみたいという気持ちと、自分だけがまだ一度も防空壕掘りをしていないという後ろめたさ、それに後輩に威厳を保ちたいという見栄があったのだと思います」

その時の原は、軍国主義を末端で支える一員だった。そんな自分を許せないのである。

「自分があそこでがんばらなかったら、浜口勝君も中村晴一君も、立派な家庭を持ち、孫や家族に囲まれているはずだ」

自らのきまぐれで二人を死なせ、自分だけ助かったという罪の意識が頭を去らない。今でも二人に申し訳ないという気持ちでいっぱいなのだ。

原と一緒に防空壕に入っていたおよそ二十人の内、半数以上は爆風と熱線でその日の内に死亡した。他の人たちも二日、三日と日がたつにつれて、次々と亡くなった。生き残ったのは、原を含めて、防空壕の一番奥にいた二人だけだった。

原の働いていた浜口町工場では、動員学徒や食堂員などを含めて三百四十八人の作業員の内、九九％以上が亡くなった。原爆の惨禍を生き残ったのは、防空壕で作業をしていた原ともう一人の、わずか二人にすぎなかった。

第三章　四十九歳の決意

戦後、原は造船所の仕事に打ち込んだ。機械の工作技術が彼の担当で、船のタービンエンジンの部品を作るのが主な仕事だった。高度経済成長が続き、もう戦後ではないといわれる時代となっても、原は自らの被爆体験を誰にも話さなかった。

原は被爆の惨状の中を生き残った。それも工場全体の中で一パーセントにも満たない生き残りだ。原にとって、それが人生の重荷となっていた。

自分の替わりに死んでいった人たちのことがどうしても頭から離れない。話す勇気はまだなかった。

ほとんど全滅した爆心地近くを体験すると、他の被爆者たちとその頃の状況を話しても、なかなか話が合わない。

「俺たちの工場はそんなものじゃなかった!」

原はついつい憤ってしまうのだ。防空壕で生き残ったもう一人は、出身地の島原に帰ってしまっていた。

原は、今でも被爆の体験を、普段は語ろうとはしない。話すのは、よほどの決意を込めた時だけである。家族に対してさえ、話そうとはしない。自分が見た爆心地の地獄図は、そして心の傷は、簡単に伝えられるようなものではないと思えるからだ。こうして原は戦後、被爆の体験について沈黙を守ってきた。

こうした中、原に新たな仕事が任された。一九七四年（昭和四十九年）から教育係長として、高卒の新入社員の新人研修に携わったのだ。まもなく五十歳を迎えようとしていた原は、まだ二十歳前の社員たちを見るにつけ、彼らに何かを残しておきたいと思うようになった。平和のありがたみを実感できるのは、戦争を体験した人たちだけではなかろうかと、原は思う。しかし原爆で死んでいった同僚がそのまま放りっぱなしにされているという思いが、どうしても頭を去らない。供養の意味も込めて、彼らが生きてきた意味を、戦争を知らない世代に伝えたいという気持ちにかられた。原は、重い沈黙を破って、話せるところだけでも原爆について語ろうと決心したのだ。

しかし、造船技術の話には真剣になる若い社員も、長崎造船所の歴史の中で原爆の話に触れたとたんに興味を失ってしまう。原は話題を様々選びながら彼らに話しかけたが居眠りをされてしまうのが関の山だった。今の会社は、原爆で亡くなった多くの社員の犠牲の上に成り立っているというのに、若い社員たちは、もう戦争や原爆のことなど関心がないのだ。次第に原は、彼らに話しかけることもなくなった。原爆について語ることをやめた原は、亡くなった同僚たちの思い出を、ぽつりぽつりとノートに書き留めるようになった。

そんなある日のこと、鹿児島県奄美大島の「原爆乙女」について書かれた本を、書店で偶然見つけた。彼女たちのことならよく知っている。同じ工場で働いていたのだから。戦争中、大島紬は贅沢品だとして生産が止められ、長崎造船所には、十四歳から二十四歳までの独身の女性たちが動員されてやって来た。そして彼女たちが再び故郷の奄美の土を踏むことはなかった。

様々な資料を調べる内、正確にまとめられた原爆犠牲者の名簿ができていないことを知り、今さらながらに驚いた。原爆で会社の資料がすべて灰になり、三菱にも原爆で亡くなった社員の名簿は無いという。あとから人々の記憶を頼りに復元されたものは勿論ある。しかしそこで自分の先輩や後輩の名前が違う字で書かれていたり、抜け落ちたりしているのを見ると、原は彼らがつくづくかわいそうに思えてくるのだった。

戦争中、国民は人間性を認められなかった。ただ一人の兵隊であり、一人の工員であり、一人の徴用工であるに過ぎなかった。名前は必要とされなかったのだ。名前は、きちんと出勤し、まじめに仕事をしているかどうかを識別するための記号に過ぎなかったのである。

戦後三十年たって、生活に余裕ができてくると、なおさらそんな同僚たちに申し訳ないという気持ちに襲われる。彼らの犠牲の上に、今の企業や生活が、そして社会が築かれたのだ。それなのに「原爆乙女」といった、マスコミに取り上げられて話題性のある人々を除けば、誰も彼らのことを振り返ろうとはしない。

被爆した工場の一パーセントに満たない生き残りの一人として、亡くなった人々の、骨が見えるまでに焼け焦げた遺体が頭からこびりついて離れない。自分に最後の声をかけて息を引き取った後輩でさえ、原には彼が誰だかわからなかったのである。彼らは、死ぬ時さえ、一人の人格を持った人間として死ねなかった。「ある工場で犠牲となったおよそ三百人の犠牲者」でしかないのである。それは一人一人の死者の積み上げではなく、それがすべての表現なのだ。

被爆してから、原の心には、常に死の不安がつきまとっていた。八月十一日と十二日には、勤め先の浜口工場の焼け跡で、別の工場からの応援も加えたおよそ三十人の従業員と一緒に、百十人の同僚の遺体を焼いた。その後も跡片付けで現場に通い、残留放射能で大量の放射線を浴びたのだった。

被爆から九日目に、原は身体の不調を訴えた。高い熱が出た。身体の関節があちこち痛む。医者に見てもらうが、原因はわからない。身体が痛みだすと、あまりの痛さに手足をばたつかせる。そうなると、その頃長崎に一緒に住んでいた両親や兄弟が、原の両手と両足を四人がかりで押さえつける。十分ほど我慢すると痛みは一旦治まる。そんなことが一日に何回も続いた。

髪の毛も半分くらいは抜け落ち、血便が出た。しかし一カ月ほどでこうした症状は何とか治まり、頭髪も一年ほどで元の姿に戻った。若かったから奇跡的に助かったのだと、原は思う。

やがて被爆と敗戦の混乱もとりあえずは収まり、二十五歳の時、原は結婚した。きっかけはダンスだった。

三菱の社員の間では社交ダンスが流行していた。元来好奇心が旺盛な原も、誘われるままダンスを楽しんだりしていた。三菱のクラブに練習に出かけ、妻となった郁子とそこで知り合った。郁子は長崎県の島原出身で、原より二歳年上である。その頃、郁子はタイピストをしていた。長崎では誰もがうらやむ三菱の社員とタイピストとのモダンな恋である。やがて二人は結婚し、原が二十六歳の時には長男が生まれた。長女も無事に生まれた。

そんな幸せの中にあっても、原は不安におそわれ続けた。

「三十歳の頃には、俺は死ぬのだろうか」

仕事中であろうが、夜寝ている時であろうがお構いなしに突然めまいにおそわれたり、気分が猛烈に悪くなったりするのだ。原因はわからない。こうした身体の不調は、会社を定年退職した今もなお続いている。

やがて三番目の子どもが生まれた。男の子だった。しかしこの次男が、生後一カ月あまりして熱を出した。最初に診てもらった医者には「小児ぜんそくでしょう」と言われたが、症状が収まらない。そこで別の医者に診てもらったところ、その医者に「なぜ今まで来なかったのですか!」と怒鳴られた。急性肺炎と診断され、それから二日後、生後四十五日で手当ての甲斐なく亡くなった。

次男の葬式の時、原は自分の葬式を見たような気がした。原も急性肺炎を患った経験がある。我が子が、自分の身代わりとなってくれたように思えたのである。葬式の行列は、長い竹竿に旗をなびかせながら麦畑の中を進んだのだった。

忙しくなった仕事や、家族の増えた家庭の中にあっても、原には死の影がつきまとった。友人や知人が癌や白血病などの原爆症で亡くなったという報せを、日々の生活の中でぽつりぽつりと耳にする。ことに年末はなおさらである。新聞がその年に原爆の後遺症で亡くなった人たちの名前をまとめて掲載するのだ。これを見るたびに原は、「来年こそ、俺の名前が載るのだろうか」という思いにとらわれる。いつ自分の番が来るかわからない、という不安がつのる。

「自分が死んでしまえば、自分の記憶の中にある原爆で死んでいった同僚たちのことはどうなるのだ。誰も振り返る人がいなくなってしまう。彼らの名前を今、取り戻さなければ、永遠に失われてしまう」

原は、原爆の惨禍を体験し生き残った者の務めとして、三菱造船所で亡くなった同僚だけでも、正確な名前と被爆した場所や当時の状況についてきちんと一覧出来る名簿をまとめようと決心した。被爆後二十九年、四十九歳の決意だった。

第四章　六千人の名簿

作業を始めた原の胸の中に、再び当時の状況がありありと甦ってきた。朝、家族がまだ寝静まっている内に起き出して、書斎の机に向かう。新しい一日の始まりを感じながら、同じ工場に勤めていた仲間たちのことを思い出す。

戦時中の厳しい生活の中でも、彼らと一緒に食事をしたり、仕事を教えたり、逆に教えられたり、時には喧嘩をしたりした日々のことが鮮やかに目に浮かぶ。その一人一人の名前をノートに書きつけていくのだ。

原は三菱工業青年学校の出身だから、そうでない社員と比べれば、長崎造船所の社員の顔は比較的良く知っているほうだ。しかし戦前の三菱は軍需工場で、機密の保持が最優先され、社員にすら、お互いがどの工場で何をしているのか知らされてはいなかった。

工場の中でさえ、作業が細分化されて、その作業班を越えるとほとんどつながりのないのが実態だった。挨拶を交わす間柄であっても、今となってはなかなか名前の浮かんでこない人たちもたくさんいる。そこで原が取り組んだのは、様々な文献に当ることだった。

被爆者団体をはじめ、学校の同窓生グループなどが、様々な記録を出している。今でも被爆者の証言集が、細々とながらもあちこちで出ている。そのほとんどは簡易製本で、きちんと出版された本ではない。それでも原爆で亡くなった人たちの名前が見つかる。その内、原のテーマである長崎造船所に少しでも関係ありそうな人たちの名前をピックアップしていく。そして住所や名字などから、つながりのありそうな人たちを分類する。

単純な作業のようだが、今のようにコンピュータが手軽に使えるわけではない。資料をあちこちあたりながら、手書きでノートにまとめていく。根気のいる作業である。しかも長崎造船所に関係あるかどうか、はっきりしない人がほとんどなだけに、ノートには様々な名前が増えていくばかりだった。

街が動き出す頃になると、作業を一旦中止する。原は会社に出勤し、造船所の仕事に汗を流す。そして夜帰宅すると、再び机に向かって原の心は数十年をさかのぼる。名簿作りの作業を始めた原は、原爆で死んでいった仲間が自分に何かを語りかけようとしていると感じるようになった。それが何なのか、まだ言葉でははっきりとはわからなかった。しかし原は、自分を励まし続けた。
「この仕事は、自分にとっても、そして亡くなった同僚たちにとっても、意味のある仕事なんだ」

新たな手がかりを探して、ある日、原は県庁を訪ねた。戦争で亡くなった人たちの遺族年金の申請書があるからである。

今と違って、情報の公開条例などない時代である。三菱の社員とはいえ、行政がむやみに閲覧を許可するわけにはいかない。しかし原は何としても閲覧したかった。担当者に事情を説明し、何度も何度も許可を求めた。原の熱意に打たれてようやく閲覧が許可された。

書庫に眠っていた資料には、犠牲者の当時の勤務先が記載されていた。

「これで、これまでに集めた名簿と、三菱とがつながった！」

少しでも自分の時間がとれると、原は膨大な資料を丹念に書き写した。会社に出勤する前に作業に取りかかり、会社から帰宅しては、再び資料の整理に追われる毎日が続いた。しかしその遺族年金も、一家が全滅していれば提出されることはない。まだまだ完全な名簿には、ほど遠かった。

市役所をはじめ他の官公庁も、何度も訪ねた。しかし、行政は個人に冷淡である。何度も門前払いに会いながら、それでも繰り返し訪ねて行っては資料の公開を求めた。

原は自分の調査を会社には一切知られ

長崎市の自宅で資料の整理に日夜取り組む原

ないよう、密かに進めた。三菱重工長崎造船所は、今でも魚雷を作る兵器メーカーでもある。毎年、原爆の日に会社として慰霊祭を行なってはいるものの、革新系の団体や市民グループが中心となっている平和運動に結びつきかねないことには慎重である。社員が原爆をテーマに個人的な作業を進めていることを会社が知ったら、いい顔をしないだろうと原は思った。同僚の間でさえも、そんなことを話せるような会社の雰囲気ではなかった。

というのも、原にはこんな経験があったからなのだ。原たち原爆の惨禍を生き残った長崎造船所の従業員たちは、敗戦間もない一九四五年（昭和二十年）から翌年にかけて、原爆犠牲者の慰霊碑を建てた。二つの工場であわせて三基の碑を、広場や中庭に建てることができた。みな、食うや食わずの厳しい生活の中にあっても、原爆や空襲で死んだ仲間たちのために、少しずつお金を出しあって作ったのである。

いずれも石垣を組んで台座を作り、その上に石碑を乗せた。高さはおよそ五メートルもあったろうか。

「立派な碑が出来た」

原たちはそう自負していた。その石碑が一九四九年（昭和二十四年）から翌年にかけての間に、ひっそりと姿を消したのだ。

原は同僚に聞いてまわったが、石碑がいつなくなったのか気がついた人はいなかった。

「同僚の誰もが知らないということは、多分休みの日を選んで会社側が撤去したのだろう」

原はそう推測している。「進駐軍が、旧日本軍人を讃える忠魂碑を撤去させた」という話を聞いたこともあり、アメリカから圧力がかかったのかも知れないと思ったりもした。しかし原爆の慰霊碑は、忠魂碑とは全く別物である。会社に対して強い憤りを覚えた。

だがその時、原は、自分の考えがまわりの同僚たちと同じではないことに気がついた。慰霊碑が撤去されたことに、従業員の間や労働組合から特に抗議の声も出なかったのである。みな、自分たちがいかにして生きていくかに必死で、亡くなった同僚のことなど、もう大きな関心事ではなくなっていたのだ。結局原は、一人きりの孤独の中で会社に抗議することも、行動を起こすこともできなかった。会社や同僚たちとの意識のずれを感じ始めたのはその頃からである。

会社が嫌がるだろうと考えた別の理由もある。戦争中でも原たち従業員は、給料から積み立て貯金が天引きされていた。原爆で亡くなった人たちも勿論そうである。その貯金はどこに行ったのだろうか。そんなことが問題になったら会社としては面倒である。だから「調査が会社に知れたら、ひょっとしたらいろんな理由をつけられてクビになるかもしれない」という不安が原の頭をよぎった。それでも調査を続けたのは、「俺がやらねば誰がやる」という思いに突き動かされたからだった。

かといって仕事をおろそかにしたという訳ではない。三菱工業青年学校出身の生き残りの同僚の中で、管理職となったのは原がトップである。一時は百人以上の部下を持ったこともあった。企業人として、また自分の家庭を守るためにも、会社を批判してはならないというサラリーマン意識も強くあった。三菱という大組織の中にあって、原は組織人としての立場と、被爆して亡くなった仲間たちを大切にする個人としての立場を、ぎりぎりのところで何とか両立させ続けた。

会社に秘密にはしているものの、作業の途中でどうしても話は洩れる。原に加勢しようと言ってくる人も何人かいた。原は、「自分に課せられた仕事だから」と辞退した。それでも、と言ってきた人に、調査は多くの時間と費用、そして自分の足を使った地道な作業であることを説明すると、結局誰も手伝おうとは言わなくなった。

名簿作りは、妻や子どもたちにもほとんど話すことはない。自分の体験した悲惨な状況は、たとえ肉親であってもわかってくれないだろうという気がするからだ。

「誰にも知られることはない。ただ、やらねば自分の気がすまない」

孤独の中で、終わりのない作業が延々と続けられた。一九八三年（昭和五十八年）、会社を五十八歳で定年退職すると、原は一層作業にのめり込むようになった。

永年の疲れがたまった影響もあったのだろうか、会社を退職して二年後の一九八五年（昭和六十年）、原は病に倒れた。癌だった。入退院を繰り返し、その後、四度の手術を受けた。爆心地近くで大量の放射線を浴びただけにやはり来るものが来たかと思った。しかし、癌に負けてなるものかと気持ちを奮い立たせた。名簿作りの作業がまだ終わっていないからだ。

癌治療の苦しさに、時には弱気になる。そんな原を支えたのは、耳を澄ますと聞こえてくる、原爆で亡くなった同僚たちの励ましの声であった。

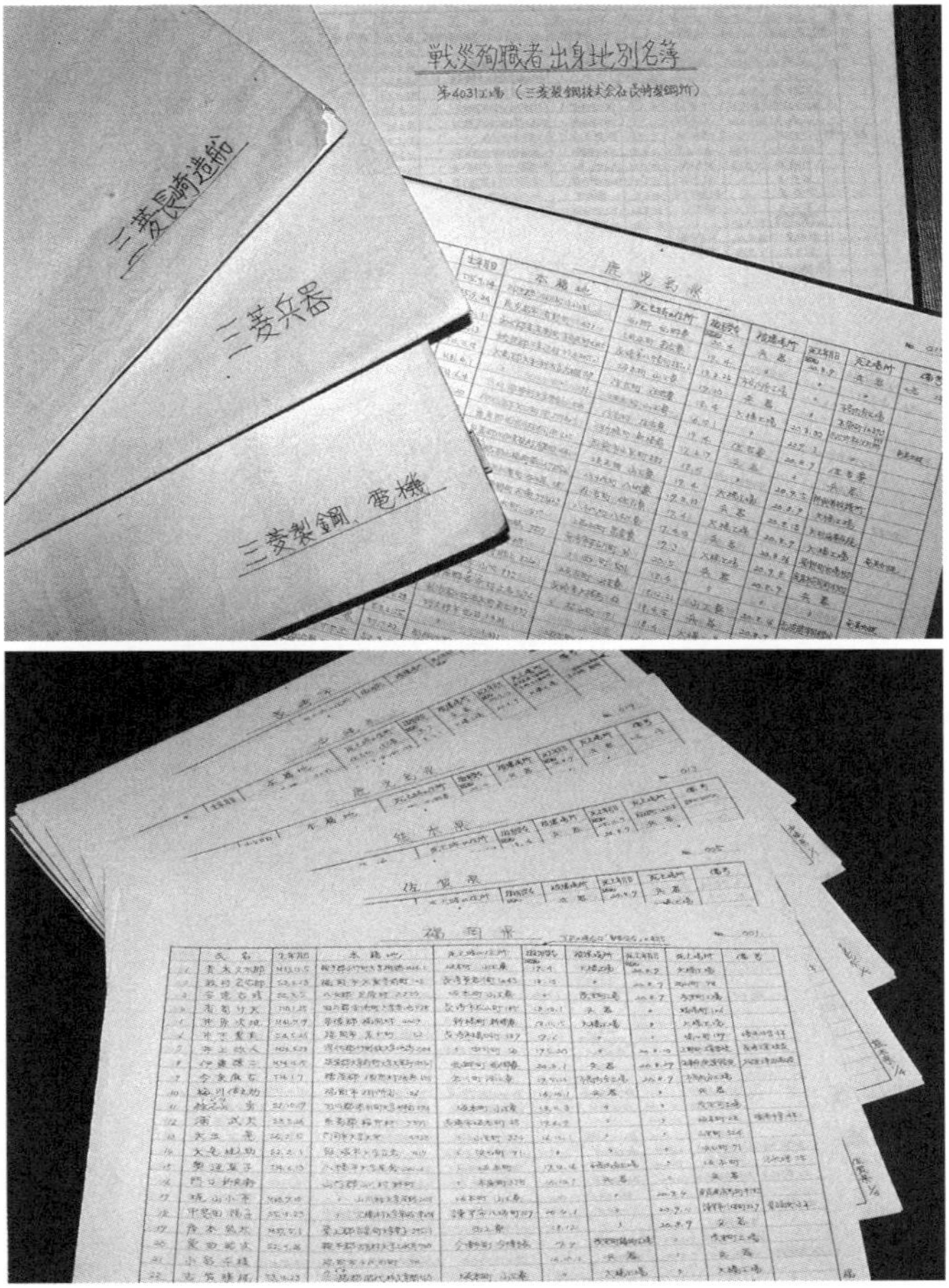

原がまとめた原爆犠牲者の名簿。造船、兵器、製鋼、電機の三菱関連4社ごとに出身地を分けて整理してある。被爆した場所や死亡した場所、亡くなった時の年令や本籍、住所などが几帳面に記入されている。

作業を進める内に長崎造船所だけでなく、他の三菱関係の企業で亡くなった人たちのデータも手に入ってくる。それならばと、原は名簿の対象を三菱重工長崎造船所だけでなく、三菱兵器、三菱製鋼、そして三菱電機という、その頃長崎にあった三菱の主な事業所で働いていた人たちに広げていった。

「資料を文献だけに頼っていたのでは限界がある」

そう感じた原は、度々調査の旅に出た。自らハンドルを握って全国各地を周り、名簿の不正確なところや、欠けているところを補うのだ。

本籍地がある程度わかっている場合、まず役所を訪ねる。戸籍係の担当者に事情を説明して、名前に該当する人がいないかどうか、いた場合は遺族がいないかどうかを尋ねる。はじめは原が何者かわからず、不審に思っていた担当者も、原が熱心に事情を説明する内にだんだんうち解けて一緒に探してくれることもある。

鹿児島県のある村役場では、遺族を知っているという年配の係が電話を入れてくれた。

「そんな昔のことを尋ねてくるなんて、本当ですか」

いぶかる遺族に対し、「何いうとる。早よう来い」と促し、原の調査に協力してくれたこともあった。

しかし、役場の資料でもわからない場合も多い。更に、プライバシーの保護という名目や、単に迷惑だというだけの理由で、まったく相手にされないこともある。

沖縄県を訪ねた時、役場でも資料がなく、原は途方に暮れたことがあった。手がかりを探しだそうとしていた相手は、長崎造船所大橋工場に学徒動員された湊川貞子である。活水高女の教師をしていた父親の孟弼《ゆうひつ》とともに亡くなったと、ある被爆体験の証言集に記載されていた。そこで原は、那覇市の電話帳をめくり、同じ姓の人に次々と電話をかけていった。

何本目の電話だったろうか、ついに行き当たった。遺族を訪ねると孟弼の実の妹に会うことができた。彼には貞子の他に妻と男の子三人の家族がいて、あわせて一家六人が長崎で犠牲になったことがわかったのである。

住所などの手がかりがまったくない人も大勢いる。そんな時、原は一心に思いを馳せる。中武実雄という男性を探そうとしたことがあった。原はこれまで各地を訪ね歩いた経験から、ちょっと特徴のある名前なら出身地が大体どのあたりなのか、おおよその見当がつくようになっていた。

中武という名前のイメージから、「宮崎県の出身に違いないだろう」と考えた。はじめは人口の多い西都市かと考えたが、一週間ほどして別の小さな町の印象が、ふと脳裏に浮かんできた。役場に手紙を書くと、すぐに返事が来た。確かにそういう人がいるという。さっそく遺族を訪ねて行くと、当時の状況が明らかになった。

宮崎県西米良《にしめら》村で洋品店に勤めていた中武実雄は、三菱重工長崎造船所に徴用され、二十四歳の時に被爆した。負傷した実雄は長崎から宮崎県の人吉まで汽車を乗り継ぎ、さらにローカル線の終点の湯の前駅で下りた。被爆して弱っていたせいか、湯の前の叔母の家で四日間休みをとり、少し元気を取り戻して故郷の西米良村へ向かった。湯の前から西米良への道のりは、険しい山道である。最後は交通機関もなくなり、二晩野宿して歩いて帰って来た。

「みんな死んだが、自分だけは生きて帰って来た」

帰郷を喜んで、そう語っていた彼も、一週間後に両親に看取られながら亡くなったのだった。

遺族を訪ねた原がまず問いかけるのは、肉親がどのような状況で亡くなったのかについてである。家族や友人に看取られて死ぬという、人間として当たり前の死に方ができたかどうかが気にかかるのである。しかし被爆後の混乱した状況の中で、その頃の様子を詳しく知らされていない遺族がほとんどだった。そういう時、原は自分が被爆した当時の状況を話し、「立派に仕事をされていたことと思います」と遺族を慰める。そして数千円の御仏前を捧げて遺族の家をあとにするのだ。

原は定年前になると、仕事もほとんどない窓際族に追いやられた。憧れの会社で懸命に働いてきた原に対する仕打ちに、組織の冷たさを改めてかみしめた原だった。しかし、遺族に御仏前を手渡す時には、「三菱からです」といって差し出すことができれば、という気持ちを拭い去ることができない。無理やり徴用されて行った犠牲者が長崎で生きた証を遺族に伝えるのに、ある日突然やってきた原圭三という見も知らぬ男からではなく、「三菱からの見舞いです」と言えたらどんなに喜ばれるだろうかと思うと、残念でならないのである。

数年前、原は玉木淳介工場長の身元を突き止めることができた。島根県松江市の出身だった。戦争中の極限状態の中でも、人の命の大切さを教えてくれた人物である。原が名簿作りに取り組むようになったのは、彼の生き方を自分なりに見習ったからとも言える。それだけに、玉木工場長の墓参を是非果たしたかった。

玉木工場長の墓は、宍道湖《しんじこ》のほとりの静かな場所にあった。線香に火をつけてそっと手を合わせると、あの日の玉木工場長の凛々しい姿が目に浮かぶ。思わず涙が溢れた。

こうして調査を始めてから十五年、原は大きな壁に突き当たった。新しい手がかりが全く得られなくなったのだ。文献もすべてあたった。各地への調査でも思わしい回答は得られない。遂に一段落ついたと考えた。書斎でノートを閉じてペンを置き、目を閉じた。その時原は、これで調査を打ち切ろうと思った。

その夜、夢を見た。

まっ裸で黒焦げの男たちが百人以上押し寄せた。「俺もおる、俺もおる」と叫んでいる。どんどんやって来る。びっくりして飛び起きると汗びっしょりになっていた。

「やはり調査をやめることを気にしていたから、こんな夢を見るのかなあ」

我に返って不思議に思った。

翌日も同じ夢を見た。三日目も同じ夢、そして四日目も同じ夢だった。

原は、死後の世界を信じていない。死ねば死んだきりで、死後の世界は「無」だと思ってきた。原はこの調査を始めた頃から仏教を勉強している。原が理解した仏の教えはこうだ。

お釈迦さまは「一日一日を大切に、感謝の気持ちで生きなさい」と言っている。死後の世界について語っているようだが、実はそうではない。今の人生を強く正しく生きるための哲学を語ってくれているのだ。

しかし原は、ひょっとしたら霊魂は存在するかもしれないと、この時はじめて思った。そして再びノートを開いた。調査を再開したのだ。その途端、夢にうなされることはなくなった。まもなく、偶然に新たな手がかりが見つかった。

「死んでいった人たちが『原さん、すまんなあ』と言ってくれているような気がするんです。だからこの仕事をやっている間は簡単にはくたばれない。それはまだ見つけられていない犠牲者たちが、私を待っているからです」

毎年八月九日の原爆の日になると、原は、勤め先の工場があった浜口町へ出かける。原爆の日のセレモニーで町中が騒がしくなる日中を避けて、まだ夜の明けやらない午前四時頃である。工場の跡は、いまでは商店や住宅が立ち並んでいる。原はその一画の道路を踏みしめると、すぐ隣にある岩川町の公園を訪ねる。その中にある小さな慰霊碑に線香を供えて一心に拝んでいると、今でも被爆した時のことが、そして仲間たちのことが、ありありとまぶたに浮かんでくる。玉木工場長や、一人も生きて帰れなかった奄美の原爆乙女たち、たくさんの仲間たちのことが思い出される。

あの日「俺が行く」と我を張ったばかりに亡くなった二人の後輩のことを思うと、申し訳ない気持ちでいっぱいになる。原の心の中で、被爆して死んだ同僚たちは確実に生き続けている。そして一体あの戦争は何だったのだろうかと考える。毎年原の胸にこみあげるものは何とも言えぬむなしさである。

戦後五十年の節目を機会に、原が二十年がかりでようやくまとめた名簿は二百四十九ページ。六千二百九十四人分である。会社別の人数は以下の通りである。

三菱兵器　二三六五人、　三菱造船　二〇二一人
三菱製鋼　一四一〇人、　三菱電機　四九八人

記載されているのは犠牲者の氏名、生年月日、本籍、死亡した当時の住所、徴用された日、被爆した場所、死亡した日時、そして死亡した場所。もちろん空白の欄もあるが、それぞれの項目のかなりの部分が几帳面な字で埋められている。

この名簿をまとめる内に、原は意外な事実に気がついた。原は名簿をもとに、犠牲者の本籍地を都道府県別に分けてみた。

長崎　四五二八人、　鹿児島　三三三人、　佐賀　三一〇人、　熊本　二五七人、
福岡　一八三人、　宮崎　一六九人、　大分　一一二人、　愛媛　二三人、

東京・山口　二三人、　広島　二一人、　兵庫　二〇人、　沖縄　一三人、
徳島　一二人、　大阪　一一人、　高知　一〇人

以下、一桁台の県が続く。地元長崎を中心にやはり九州の人が多いが、それ以外の出身者もかなりいる。北は北海道最北端に近い中川郡から、南は沖縄県宮古島の西にある伊良部島にまで及んだ。出身者がいなかったのは青森県だけだった。

各地から工員が集められたのはもちろん知っていたが、そうは言っても長崎に投下された原爆なのだから、犠牲者のほとんどは長崎県の出身者だろうと思っていた。ところが本籍などが明らかになるにつれ、全国各地から長崎に来た人たちが想像した以上に数多く含まれていたことがわかったのだ。長崎は軍事拠点だっただけに、あらゆる所からたくさんの人たちが徴用されて来ていたのだった。長崎の原爆被害の残酷さの一面として、犠牲者の出身地が広い範囲に及び、異郷の地で亡くなった人々が数多くいたことに、今さらながらに胸が痛んだ。

さらに誕生日のわかった人について、亡くなった時の年代別に分けてみた。

一三歳〜二〇歳　五九・七%、　二一歳〜三〇歳　一五・四%、
三一歳〜四〇歳　一一・九%、　四一歳〜五〇歳　九・三%、
五一歳〜　　　三・七%

三菱の工場で働いていた犠牲者は全国から集められ、しかも学徒動員を中心に、三十歳以下の若い人たちが、四人の内の三人までを占めていたのである。

三菱関係出身地別殉職者
（判明者分のみ 単位：人）

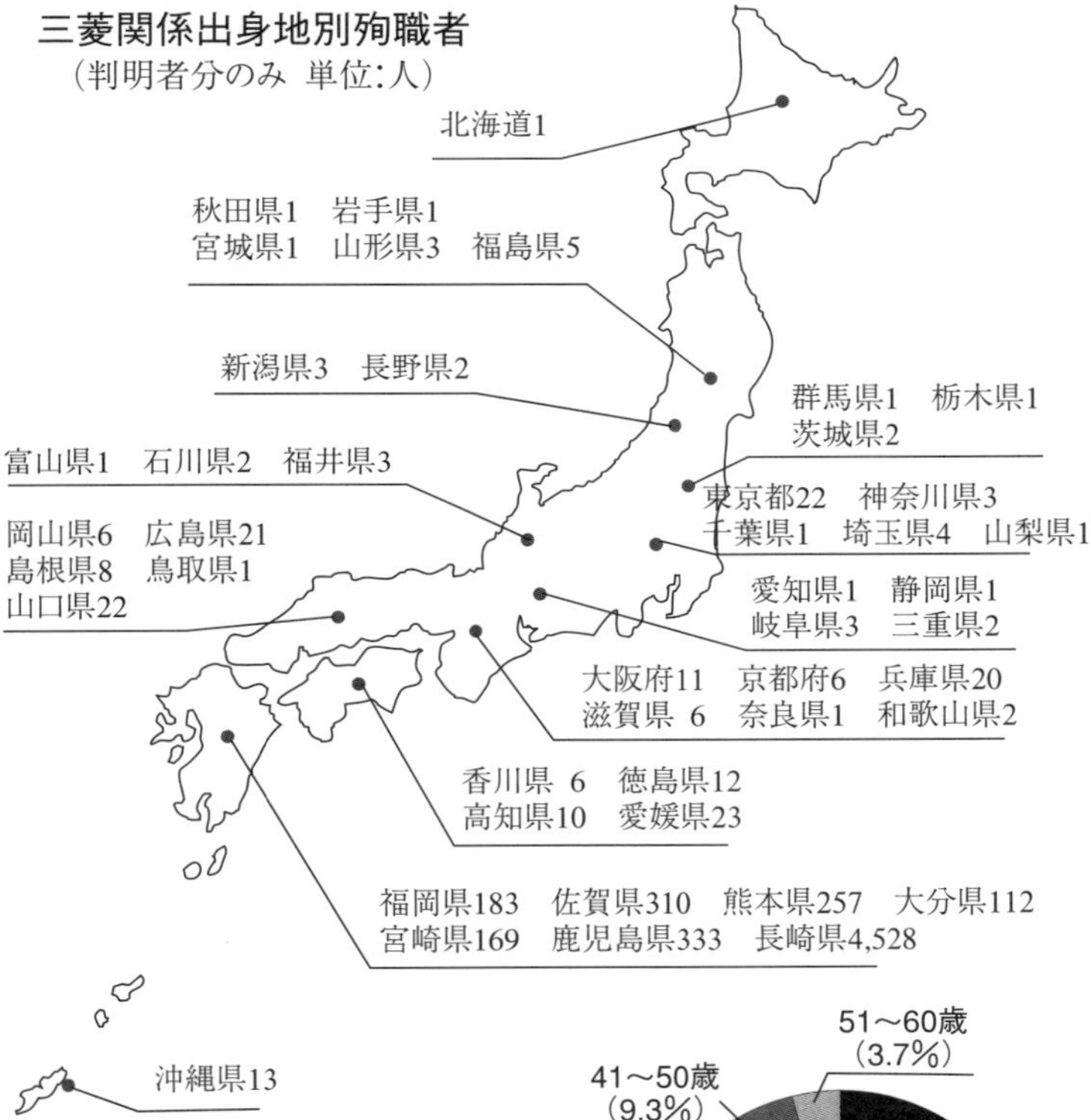
北海道1
秋田県1　岩手県1
宮城県1　山形県3　福島県5
新潟県3　長野県2
群馬県1　栃木県1
茨城県2
富山県1　石川県2　福井県3
東京都22　神奈川県3
千葉県1　埼玉県4　山梨県1
岡山県6　広島県21
島根県8　鳥取県1
山口県22
愛知県1　静岡県1
岐阜県3　三重県2
大阪府11　京都府6　兵庫県20
滋賀県 6　奈良県1　和歌山県2
香川県 6　徳島県12
高知県10　愛媛県23
福岡県183　佐賀県310　熊本県257　大分県112
宮崎県169　鹿児島県333　長崎県4,528
沖縄県13

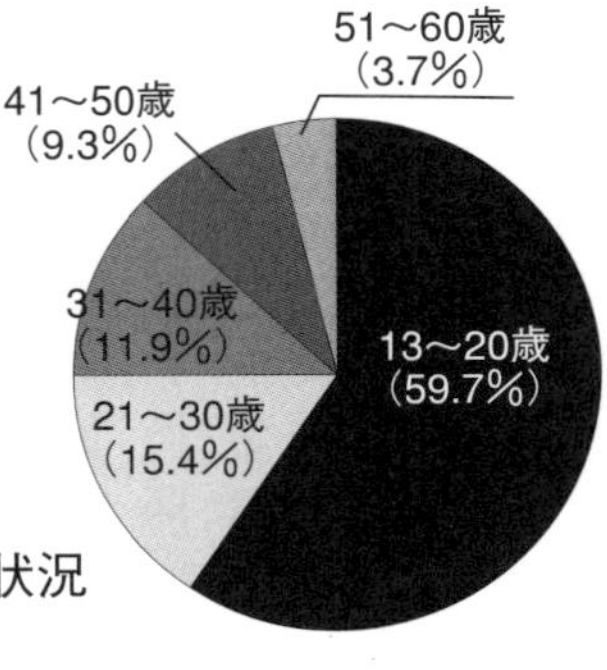
51～60歳
（3.7%）
41～50歳
（9.3%）
31～40歳
（11.9%）
13～20歳
（59.7%）
21～30歳
（15.4%）

年齢別殉職状況

原にとって死んでいった同僚は血と肉のかよった先輩であり、部下であり、かけがえのない仲間たちであった。単に数字で表される存在ではない。

「工場で亡くなった同僚たちは、四人の内三人までが三十歳以下の若い、前途有望な若者たちだったのです」

原がそう語る時、原の脳裏には彼らの面影が浮かび上がる。原のまとめた数字は、そうした具体的な人生の積み重ねである。だから原は、国や県、市、あるいは被爆者団体などから、原爆に関してあいまいな数字や、自分の調査と食い違う数字が公表されるのを聞くとがまんならない。十分調べていないデータだと感じるからだ。

原の仕事は、単に名前だけを連ねた名簿を整えることではない。名前を持つ一人一人がどのような人生をたどってきたのかを確認する作業である。原子爆弾で人生を断ち切られた人たちの思いを、彼らの立場にたって想像してみるのだ。物言わぬ彼らの無念さを本当に理解できるのは、彼らと同じ場所にいた自分しかない。だから自分がやるしかない。原の名簿は、原と彼らを結ぶ絆の証《あかし》なのだ。原は自分が経験した被爆の記憶を拠り所に、自分と仲間たちとの心のつながりを再確認していったのである。

第五章　旅へ

長崎市の平和公園は、デパートなどがある市内中心部の繁華街から小高い山をはさんで北側の、浦上川沿いの地区にある。原爆の熱線は浦上地区を焼き尽くした。一方、山にさえぎられたおかげで旧市街地は、一部が火災の被害を受けたものの、熱線や爆風の被害は比較的小さかった。

長崎は、鎖国時代に西洋に開かれた、日本で唯ひとつの窓として栄えた街である。旧市街地を中心に「おくんち」や「精霊流し」などの伝統行事も盛大に行なわれる。

一方、原爆で大きな被害を受けた地区は、三菱の工場などで比較的新しく発展した地域であり、被差別地区や刑務所などがあったため、古くから長崎の旧市街に住む古老の中には、「大きな声じゃ言えんが、原爆の被害を受けたのは長崎ではなか」とさえ言う人もいる。

JR長崎駅から市内の中心部とは反対方向に路面電車で十分あまり行くと、平和公園近くに着く。平和公園では、観光バスやタクシーが走る道をはさんで平和祈念像の反対側の敷地に、コンクリート造り二階建ての納骨堂が見える。

正面の祭壇の前には、真夏の日差しを避ける帽子のつばのような半円形の屋根が突き出ている。

平和公園の平和祈念像。上空を指さした右手は原爆の脅威を、水平に伸ばした左手は平和を、軽く閉ざした目は戦争犠牲者の冥福を祈っている姿だという。故・北村西望が制作し、被爆10周年の1955年（昭和30年）竣工。

長崎市原子爆弾無縁死没者追悼祈念堂。現在のこの建物は1994年（平成6年）完成。

正式な名前を「長崎市原子爆弾無縁死没者追悼祈念堂」という。原爆犠牲者の内、身元がわからない人たち、いわゆる無縁仏《ムエンボトケ》を祀っている。丘陵部分に建っているため正面が二階になっており、立派な祭壇がある。一階が「原爆無縁死没者遺骨安置所」、つまり無縁仏の納骨堂となっている。

今でこそわかりやすい場所になったものの、一九九四年（平成六年）七月に建て替えられる前は、もっと奥まったところに、ひっそりと祀られていた。古くからの長崎市民でも、そこに納骨堂があることを知っている人は多くはなかった。まして市外や県外から平和公園を訪れる人たちのほとんどは、バスやタクシーを降りてまっすぐ平和祈念像の方へ向かうため、納骨堂に気づく人は少なかった。

施設のあらましを記した長崎市のパンフレットによると、無縁仏の納骨堂が作られた経緯は以下のとおりである。

●昭和二十二年　城山町の篤志家の手により、駒場町に原爆殉難死者納骨堂が建てられ、爆心地近くに散在していた多くの原爆死没者の遺骨を収集、安置した。

●昭和三十年　県内各地の共同墓地などに埋葬されていた、引き取り手のない無縁遺骨について、長崎市と長崎市民生委員児童委員協議会が共同で調査、改葬することになり、大村市、諫早市などから三百五十四柱の遺骨を収集して、駒場町の納骨堂に仮安置した。

●昭和三十四年

原爆無縁遺骨を安置する公的な施設を求める市民の声が強まり、一市民の好意により原爆被災者協議会が岡町の土地を入手し、長崎市に寄贈したため、市が「原爆死没者慰霊納骨堂」を建設して遺骨を移し安置した。施設の管理は長崎市民生委員児童委員協議会が市から委託を受け、毎月九日には追悼行事が執り行われてきた。

●平成四年

長崎市は平和公園に地下駐車場を建設することになり、あわせて納骨堂も建て替えることになり廃止、解体された。

●平成六年

装いも新たに「原子爆弾無縁死没者追悼祈念堂」が完成。追悼祈念堂には旧納骨堂に安置していた原爆死没者の無縁遺骨、あるいは新たに発見された引き取り手のない原爆死没者の遺骨を安置している。

～長崎市の施設概要説明書より～

この説明を読むと、引き取り手のない遺骨について何とか慰霊したいと努力してきたのは篤志家の市民であり、被爆者団体であることがわかる。市が遺骨調査を行なったのも被爆後十年を経過しており、行政は市民の働きかけを受けて、ようやく事業を行なったのである。

一九五九年（昭和三十四年）に建てられた納骨堂には、身元のわからない遺骨、いわゆる無縁仏が九千七十七柱安置された。この中には犠牲者が身に着けていた衣類や荷物の名札などを手がかりに、名前だけがわかっている無縁仏も納められている。納骨堂が建築された時には、そうした無縁仏が二百七十五柱あった。しかし長崎市は、その頃すでに戦後四半世紀の歳月が過ぎており、遺族の発見は難しいとして、遺族探しに特別な手立てをとろうとはしなかった。

納骨堂の脇に縦一メートル、横二メートルほどの掲示板があった。長崎市では「原爆殉難無縁者」と表題をつけ、無縁仏の名前をあいうえお順に表示した。市役所の執った措置はそれだけだった。

この掲示板を見て名乗り出た遺族は、その後三十年で八十人、つまり年間で平均して二人から三人程度のペースにとどまっていた。三菱に関連した原爆犠牲者だけでも全国各地から徴用されて来ていたのである。全国に散らばっている遺族に対し、人目につかない片隅に立てられた掲示板から名前を探せ、という方が無理というものである。

原爆犠牲者の名簿作りに取り組んでいた原が納骨堂を参拝したのは、一九八三年（昭和五十八年）のことだった。その頃は百九十五柱の遺骨が、それぞれの名前を記された骨壷に納められて眠っていた。以前から、納骨堂があるという話は知っていた。しかし原は、平和公園を訪ねることがほとんどなかった。

「平和公園は作り物の印象がする」

祈念堂の脇に掲げられた無縁仏の掲示板（現在のもの）

亡くなった同僚たちの顔は、平和祈念像を見ても浮かんではこなかった。そして人や車で混雑する雰囲気にはなじめなかった。すっかり観光地となった平和公園は、慰霊の地とは言い難い気がするからだ。それでも原が納骨堂を訪ねたのは、名簿作りの作業の中でひょっとしたら何か手がかりが得られるかもしれないという気がしたからだった。そして無縁仏の名簿を記した掲示板が目にとまった。

しばらく眺めていた原は、何かに呼びかけられているような気持ちがした。じっと見つめる内に、それまでの調査で見覚えのあるような名前もあった。そして名前を全部書き取った。

そうしながら原は、次第に怒りが込み上げてくるのを感じた。長方形の白い看板には無縁仏の遺骨名簿という表示と名前だけしか書かれていなかったのだ。掲示板を見て、名前に心当たりのある人はどうすればよいのか。連絡先ひとつ書いてなかった（原からの指摘を受けて、現在は改善されている）。

「お役所仕事とはこんなものか！」

無性に腹が立ってきた。遺骨の里帰りを待ち望む遺族にとって、最も重要な手がかりがあるというのに、行政は遺族の気持ちを全くわかろうとしていない。

数日後、原は妻の郁子と共に再び納骨堂を訪れた。掲示板の字を確認するためである。「荒木は荒れ地の荒に草木の木」というように妻に読みあげてもらう。こうしてすべての名前を間違いなく写し取ったかどうか確かめていった。

「字体のひとつでも間違いは許されない」

生きている人なら許されるかもしれない。しかし、死んで無縁仏となった人たちは抗議しようにも、その術がないのだ。こうして百九十五人の名簿を記録した。

ある日、書斎で名簿の整理を進めている途中、阿南一夫という名前に行き当たった。阿南一夫――気にかかる名前である。記憶にある。

「これは確か、無縁仏の看板に掲示されていた名前ではないか」

そう思い立ってさっそくノートを取出し、一覧表を開いた。そこにはたしかに阿南一夫の名前があった。

それまでの原の調べで、阿南一夫の経歴は一部が明らかになっていた。阿南は一九一三年（大

祈念堂の納骨堂。名前の判明している遺骨は一人ずつ、手がかりのない遺骨はまとめて安置されている。

正二年）三月三日生まれで、本籍地は大分県、勤務先は三菱兵器。原の目は、自分の名簿に釘づけとなった。心が震えるのを感じた。自分の名簿で、これまで身元の知れなかった遺骨の故郷が、明らかになろうとしているのだ。

「あらゆる手がかりを懸命に探せば、その人の名前から、その人の人生が見えてくる。そして彼らは、原爆で無残にも断ち切られてしまったおのおのの人生について語りかけてくる」

それが原の信念だ。無縁仏となっていた阿南一夫も、今、語りかけてきたのだ。

しばらくして阿南の次に、芦谷一雄の手がかりが得られた。芦谷は掲示板には名前が数男と表示されていた。別人の可能性がないわけではない。しかし、原は原爆が投下されたあとの状況を知っている。遺体は焼け跡で次々と荼毘《だび》に付された。

寺の回廊に遺骨が並べられ、遺族の引き取りを待った。原は長崎駅近くの寺で、その作業を手伝ったのだ。原が今も忘れられないのは、鹿児島から遺骨を受け取りに来た又木康善の妻が、遺骨の納められた小さな木の箱に夫の名前が書かれているのを見て泣き崩れ、寺の石畳の上に、倒れるように座り込んでしまった姿だった。

きわめて混乱した状況の中で、遺体を焼く係が読みあげた名前を、書き取る係が間違えて写し取ったことが少なからずあっただろうことは、容易に想像し得た。

他の無縁仏についても、身元が少しずつ明らかになってきた。本籍が鹿児島県の池山佐知夫は掲示板には佐和夫、つまり「知」の字を「和」と表記してあった。三菱製鋼に勤めていた越山清春は越山清香、つまり「春」の字が「香」とあった。大分県の島崎国夫は、「夫」が「雄」とされていた。長崎県の菅タケヨは管タケオ、つまりカンの字の草冠が竹冠とされ、「ヨ」が「オ」と記されていた。同じ長崎県の末永ノエは末永ノイ、「ノエ」が「ノイ」とされていた。長崎市の辻竜夫は辻滝夫、「竜」が「滝」となっていた。こうした食い違いがひとつ、またひとつと見つかった（現在は原の指摘を踏まえて、一部訂正されている）。

膨大な数の原爆犠牲者の名前の中から、ひとにぎりの、しかも表記に間違いがあるかもしれない無縁仏の名前を拾いだす作業である。並大抵の苦労ではない。最終的に百九十五人の無縁仏の名簿の中から四十六人について、本籍地あるいは勤務先について何らかの手がかりが得られた。

原が看板の名前を写し取ってからすでに五年以上の歳月が過ぎようとしていた。

この内、本籍地のわかったのは四十人。県別でみると、地元の長崎県が十八人で最も多く、ついで鹿児島県の八人、熊本県の四人、福岡県の三人、大分県の二人、佐賀、宮崎が一人ずつ。九州以外からも鳥取、兵庫、徳島の人たちが含まれていた。やはり十代後半の若い人たちが多い。


原は、調査結果をまとめると長崎市役所に持っていった。名前から本籍や勤務先がわかったのだ。行政なら、この手がかりをもとに遺族を探してくれるだろうと期待した。しかし、役所の対応はきわめて鈍いものだった。「わかりました」と資料を受け取りはしたものの、その後一向に音沙汰がない。しびれを切らして問い合せても、「もう少し待って下さい」とはぐらかされるような答えしか返ってこなかった。

「もう彼らに任すことはできない」

そう考えた原は、自ら遺族探しの旅に出た。一九八九年（平成元年）六月、原が六十四歳の時のことである。

妻の郁子は、今回の旅に強く反対した。原が癌の手術を受けたばかりだったからだ。むちゃをしてもらいたくなかった。何とか思いとどまらせようと説得した。それでも原は旅に出ると主張した。最後には郁子もしぶしぶと従った。調査に関することで夫が一度言い出したら、何を言っても聞かないことを知っていたからである。こうして長い旅が始まった。

原がハンドルを握り、マイカーで一カ月をかけて九州と四国を中心に西日本の各地をまわる計画を立てた。資金は退職金の一部である。梅雨の合間のある晴れた日に、長崎の自宅をあとにした。この旅のために体力をつけようと、休養も十分である。原にとって、これまでの名簿作りは、自分自身の内に今も生きる同僚たちを慰霊するのが目的だった。しかし無縁仏の遺族探しの旅は、違った意味を持っていた。無縁仏とされながら、実際に身元のわかった遺骨があるのだ。

「生きては帰れなかったが、遺骨は故郷に帰りたいだろう」

自分の内なる声に導かれて出発した「名前を探る旅」は、遺骨の名簿を手がかりに、無縁仏のふるさとと具体的なつながりを求め始めていた。

長崎から車を飛ばして数時間、原たちが最初に訪ねたのは、九州山地の山あいにある大分県三重町だった。阿南一夫の故郷である。阿南は名簿で最初に本籍地を確認できた、原にとって思い出深い人物だ。だから今回の旅は、まず阿南の身元探しから始めようと考えたのである。

空は濃紺と言いたいほど青く、蝉時雨《せみしぐれ》が賑やかな、暑い一日である。原はまず町役場を訪ねた。最近は、町や村でも、立派な文化ホールとみまがうような役場を建てるところが多い。しかしここは、昔からの雰囲気を漂わせたコンクリート造りの小さな役場である。こういう所なら杓子定規《しゃくしじょう》なことを言わずに協力してもらえそうだ。さっそく戸籍係の中年の女性に問いかけた。

「長崎から来た原と言います。無縁仏として長崎で眠っている阿南一夫さんの本籍を調べてやってまいりました。ご家族とか親族の方はいらっしゃいませんでしょうか」

原から事情を聞くと、係の女性は快く調べてくれた。狭い田舎町である。間もなく奥のロッカーから、該当する古い資料を引っ張り出した。それを見ながら、カウンターを間にはさんで彼女は答えてくれた。

「確かに阿南一夫さんの戸籍はあります。生年月日と本籍から見ますと、子供さんも健在です」

原の表情は一瞬驚き、そして喜びに変わった。

「そのお子さんの住所はわかりますか」

原の問いかけに、今も本籍地の住所にいるという返事が返ってきた。何と言っても半世紀近くも前のことである。調査は難航するだろうと覚悟していただけに、原は予想外の幸先のよいスタートに、ほっと安堵のため息を洩らした。

阿南の実家は、今は長女夫婦があとを継いでいることがわかった。原はさっそく役場から電話を入れて、阿南の家を訪ねた。

手入れの行き届いた生け垣が、家のまわりをめぐらしてある。強い陽の光が緑の葉に反射している。真夏の日差しから、中の家を守ってくれている。古いが、落ち着いた家である。玄関に入ると、色白でショートヘアの女性が出迎えてくれた。阿南一夫の長女の昭子だった。その時四十七歳だが、若々しい印象を受けた。昭子は突然のことにやや戸惑った気配を見せながらも、「父親の遺骨を知っている」という原を家に上げた。

居間に通された原は昭子に、父親の遺骨が無縁仏として祀られていた事情を説明した。黙って聞いていた昭子はうなずき、やがてそっとハンカチで目頭を押さえた。

「気になって気になって、本当にしようがなかったんです。母が元気な内は生活に追われていましたから」

昭子は、涙で声を震わせながらうち明けた。無縁仏として祀られていたのは事実だったのだ。

原は、居間の奥にある仏壇の前に座り、線香に火を着けた。煙がゆるやかに立ち上るなかで一心に、一夫の冥福を祈った。

白黒写真で額に飾られていた一夫は、短く刈り上げた頭、太い眉、そしてまっすぐ前を見つめる表情が凛々しい。

家業の洋服屋を継いだ阿南一夫は、一九四二年（昭和十七年）、二十八歳の時に徴用された。今は長崎大学となっている場所にあった三菱兵器製作所で働き、原爆で死亡した。一夫のあとを追って長崎に移り住んだ妻と次女も被爆した。二人は戦後、実家に帰って来たものの原爆症に苦しみ、相次いで亡くなった。そして、一夫の遺骨はわからないままになっていたという。

三菱兵器に徴用された阿南一夫

次女の出産のため三重町の実家にいた妻に宛てて一夫の出した手紙が、父親の思い出の品として大切に保管されていた。古ぼけた紙は黄色く変色しているものの、文面は几帳面な字で丁寧に書かれていた。昭子は原に「是非読んで下さい」と手渡した。文面はこうだった。

「本日は小包を有り難く受け取った。毎日少しずついただいている。俺の足の傷は少し良くなってきて、通勤できるようにまでなったから安心してくれ。昭子も毎日元気で田中さんの子供と一緒に遊んでいることと思う――」

原が手紙を読みあげると、昭子は改めて父の面影を思い出したのだろうか、じっとその声に聞き入った。

原は阿南家の菩提寺を訪ねた。そこには、昭子の母が長崎から持ち帰った土が、一夫の遺骨の代わりに祀られていた。

昭子は戦後何度か長崎の平和公園を訪ねたが、無縁仏の納骨堂のことは何も知らなかった。すぐ近くにある掲示板には父の名前が記されていたというのに何も気づかなかったのだ。人目につかないところにある掲示板では、やはり無理なのだ。しかし遺骨が故郷に帰るのも、間もなくのことである。

原はこれまでにも名簿作りの作業の中で、多くの遺族を訪ねてきた。しかし今度の旅は別の意義が加わった。何の肩書きのない男でも、遺骨の知らせをもたらすことで、残された遺族の力になることができたのである。

阿南一夫の生涯が、原の脳裏に一層くっきりと浮かび上がった。そして一夫を心から慰霊する気持ちを、これまでは一面識もなかった遺族と一緒に抱くことができた。原は何か目に見えない力に導かれているような気がした。この仕事の意義は大きなものがある、そう確信した。

次に訪ねたのは大分県佐賀関町、小さな漁業の町である。海からの潮風が心地よい。無縁仏の一人、島崎国夫の故郷である。まず役場を訪ねた。しかし三重町のようにはうまく事が運ばない。やむなく本籍を頼りに家族を探すことにした。何ぶん古い地名で土地勘も全くないだけに、戸惑いながらの身元探しである。あちこちで迷いながら、それでも昔ながらの漁港だけに土地の古老に昔の地名を聞いたりしてようやくそれらしい家を探し当てた。

古い引き戸を開けた。応対に出た中年の女性に、島崎国夫の家族を訪ねてきたことを告げた。

「国夫さんのことなら、おばあちゃんにきかにゃ」

その女性は奥に入っていった。どうやら国夫の実家であるらしい。しばらくして奥の方で、何か話し声が洩れてくる。国夫のことを訪ねてきた人がいると告げているのだろう。ほどなく和服姿の老人が、足を床にすりながら、ゆっくりと歩いて玄関口に姿を見せた。

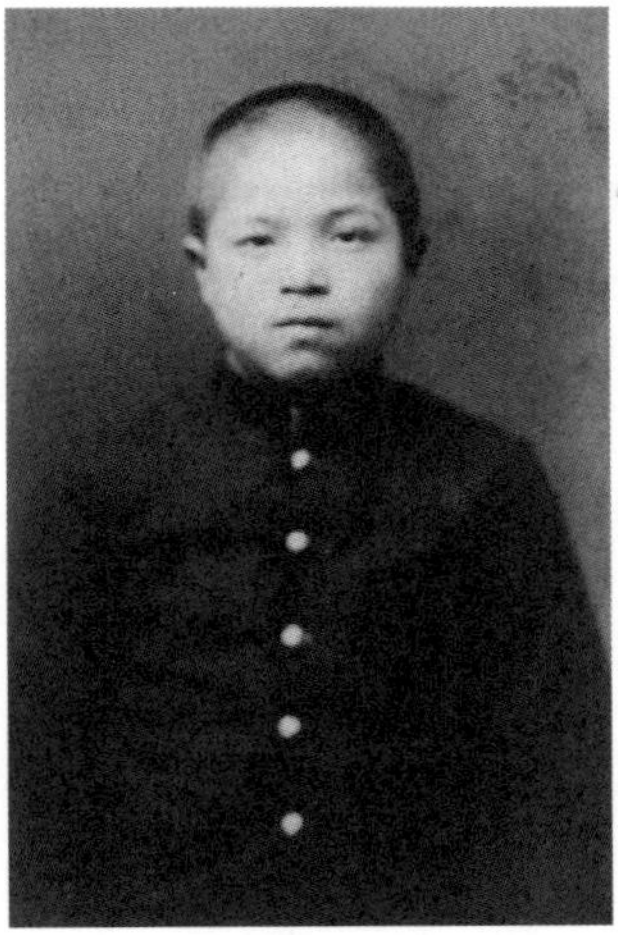

三菱製鋼に徴用された島崎国夫

つき添った息子の嫁らしい女性が「ばあちゃん、耳が遠いから」と言う。腰が曲がり、小さな身体が一層小さく見える。

「どうもこんにちは。実は……」

原が声を張り上げてそう言いかけた時、おばあちゃんが、皺くちゃの口を開いた。

「国夫の、母です」

ポツリとそう言って、彼女は頭を静かに下げた。

漁師の六男として生まれた島崎国夫は三菱製鋼に徴用された。そして原爆のため十六歳で死亡した。

奥に通されると、仏壇には学生服姿の国夫の写真が祀られている。丸顔で、まだ幼い顔つきである。戦後まもなく家族が長崎に出かけて遺骨を探したが、どこを見ても遺体の山である。結局、国夫の遺骨は見つからなかったという。

国夫の母、ヒロは原が訪ねた時九十一歳。耳が遠いものの元気である。問わず語りに話し始めた。

「わたしと性《しょう》がおうとってなぁ。長崎に働きに行くと聞いて、辛抱していてこんせぇえ、って言って。ほいたら原爆が落ちたと聞いて。もうびっくりして……。そんなりやった。ええ子やったがなぁ……」

国夫を思い出しては、ぽつぽつと語ってくれた。

国夫の遺族も、遺骨が無縁仏として今もなおひっそりと長崎に安置されていることなど知るよしもなかった。

原が長年名簿作りに取り組み、その成果として、名前から本籍地を割り出したことを聞くと、原に感謝するばかりだった。原は、国夫の母に会えたことを喜んだ。原爆で亡くなったことは悲しい事実だ。しかし国夫は、これで母親のもとにようやく帰ることができるのだ。

原の旅は四国へと続いた。出発するまでは原の体調を心配して旅立ちを渋っていた妻の郁子も、遺族の喜ぶ姿を目のあたりにして、積極的に遺族探しを手伝うようになっていた。

郁子は、被爆者ではない。しかも原は、家族に自分の被爆体験や、名簿作りの意味について詳しく説明はしていなかった。黙って従ってきた郁子だった。

今回は、病をおしての旅である。夫の身体が気遣われる。なるべく疲れさせないようにしなければならない。ポットに湯を忘れないように入れ、薬を決まった時間にきちんと飲ませなければならない。同行したのは、そのためである。しかし、原が訪ねていった遺族が涙を流して喜ぶ姿を見ると、夫がなぜ、病気の身体でありながら今回の旅にこだわったのか、だんだんとわかるようになったのだ。

愛媛県今治市では、原と同じように三菱長崎造船所に勤めていて原爆で亡くなった同僚を探して歩いた。市役所を訪ねたが身元がわからない。戦争当時の状況を良く知っている地元の古老た

旅の途中で一休みする原と妻の郁子

ちを朝から訪ね歩いた。真夏の太陽が照りつける、暑い一日である。原と郁子の額には汗がにじむ。

とうとう手がかりを得られないまま、日は暮れようとしていた。原は、やはりこれまでは運が良かったのだと思った。むしろ戦後半世紀近くもたって、簡単に遺族が見つかるほうがおかしいのだ。

原は海岸に出て、砂浜で海に向かって線香をあげた。しゃがんで両手をあわせ、一心に冥福を祈った。

「それじゃ、また来ます」

原はまたの訪問を誓った。

こうして原は自分の資料をもとに、身元探しの旅を続けた。

徳島県日和佐町に足を延ばした時のことである。ここは長崎兵器製作所で事務員をしていた和佐伊佐代の故郷だ。原は本籍地の近くで伊佐代のいとこの江本マンに出会った。

無縁仏の身元探しの旅（第1回）

1989年（平成元年）6月

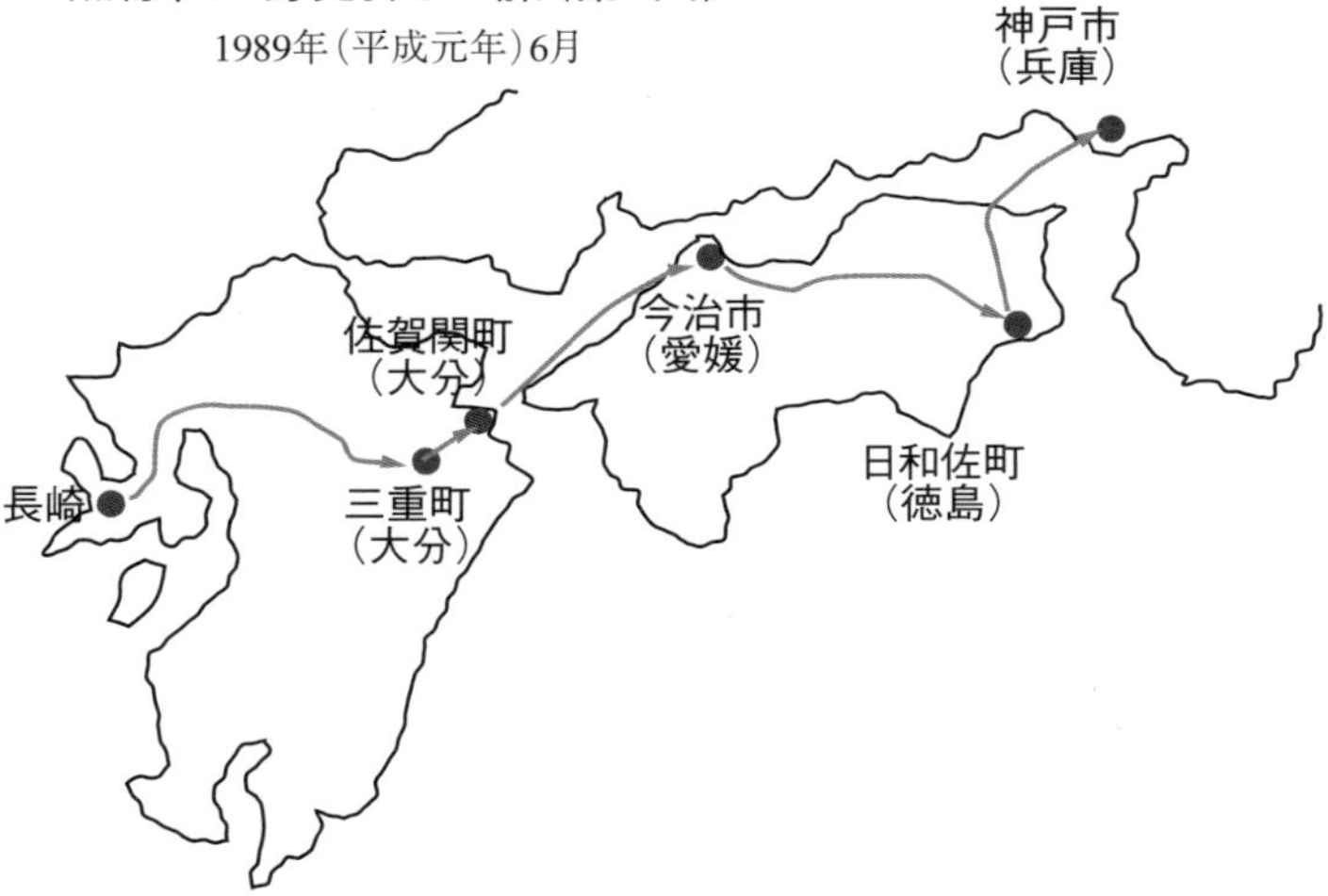

江本の額には、深い皺が刻まれている。江本は自宅の戸棚の奥から昔のアルバムを見せてくれた。伊佐代はバスの車掌をしていたのだが、再婚した母のあとを追って長崎に移り住み、原爆で亡くなった。一カ月後に結婚を控えてのことだったという。

「行かいでもええのに、あの子は長崎に行ったんですよ。母親が恋しかったんでしょうね」

伊佐代の実家はすでになくなっていた。

原の遺族探しの旅はこのあと本州へ続き、再び九州へ戻って続けられた。しばらく自宅で休養をとったあと、翌月には二回目の遺族探しの旅に出た。その後も無縁仏をめぐる旅は折りに触れて続けられた。

こうして原は、無縁仏として祀られていた人たちの内、二十二人の遺族と連絡を取ることができたのだった。

その年の夏、遺骨を引き取るため遺族が長崎を訪れた。最初に訪れたのは、原が無縁仏の身元探しで一番はじめに出会った阿南一夫の遺族だった。一夫の長女の昭子は、高校生の長女を連れて遺骨を引き取りに来た。孫の成長した姿を見せることが、亡き父への何よりの供養になると考えたからである。

昭子は父の遺骨を手にして、安堵の気持ちと、なぜもっと早く長崎市が知らせてくれなかったのかという気持ちが複雑に交錯するのを感じたという。

「数十年の歳月がたって今やっと父が家族の元に戻って来た。父が帰ってくるのを一番喜んでくれた母が生きてくれていたら……」

昭子はそう思わずにはいられなかった。昭子の目から思わず涙が溢れた。それは、原にとっても感慨深い一瞬だった。昭子の気持ちが痛いほどよくわかったのだ。

原の旅で、亡き父や母、兄弟の遺骨があることを知った遺族が次々と納骨堂を訪れた。兄の兵頭正雄の遺骨を引き取った、宮崎市に住む妹の山田貞子もその一人である。

正雄は三菱兵器製作所に徴用され、原爆で死亡した。その後家族が長崎で骨壺を引き取ったが、遺骨と信じて慰霊してきたのは工具のスパナだった。そんな出来事があっただけに、本当の遺骨を引き取ることができたことの感慨もひとしおだった。

兵頭家の人々。後列左から長男・正寛（当時高等農林学校1年）、次男・正明（〃　旧制中学校4年）、三男・正雄（〃　国民学校高等科1年）。前列左から三女・淑子、母・マサヱ、次女・貞子（〃　国民学校1年）、父・正繁、長女・信子（国民学校4年）。1940年（昭和15年）

七人兄弟の三男として生まれた正雄は、両親の厳しいしつけのもとに、兄弟仲良く育てられた。貞子は納骨堂の前で、兄の名前が書かれた掲示板を見たとき、思わず涙した。

あんなに大勢の人たちが犠牲となったのに、一握りの確率で兄の遺骨があったという喜び。肉親がこんなにたくさんいるのに、誰も兄のことを知らなかったことへの不憫さ。どうしてもっと早く知らせてくれなかったのかという、市役所への怒り。「無縁仏」という文字に何とも言えぬ非情さを感じ、喜怒哀楽の様々な感情が一緒になって、湧き出てきた。

貞子は、名前という重要な手がかりがありながら、今もなお故郷に帰ることのできない遺骨が数多くあることに驚いた。

「私たちはいい。兄の遺骨が戻るのだ。しかしまだこんなにたくさんの遺骨が故郷に帰れずにいる。こんなことがあるなんて夢にも思わなかった」

貞子は遺骨を実家に持ち帰り、仏壇に祀った。母のマサヱは、その時八十八歳。背中を小さく丸めていた。脚が弱ってはいたが、まだ元気だった。

「そんなことはない」――それまであると思っていた遺骨が、実はスパナだったと教えられて驚いた母は、頑として信じなかった。貞子たち兄弟が、「お母さんを心配させないよう、黙っていたのよ」と説明して、ようやくマサヱを納得させた。

その母は、本当の遺骨が帰ってくると、心から喜んだ。

「やっと帰れて、正雄も喜んでいるよ」

正雄の骨壷を見ると泣いていた。骨壷は白い布でくるんである。その白布に、貞子は兄の涙を見た。

「兄の涙はようやく親もとに帰れたうれし涙か、いやもしかしたら、親兄弟がいながら長い間無縁仏にされていた無念の涙だろうか……」

貞子は改めて、兄の不憫な人生を思った。

正雄がようやく家に帰った年のお盆に、宮崎市の兵頭の実家で、正雄の法要がしめやかに執り行われた。正雄の兄弟のうち四人も、東京や福岡などから集まった。

マサヱは正雄の姿を思い出していた。

「少年時代のあの子はいい子だった。妹思いだった……。レコードを集めたりしていた。そのレコードは、今でも大切に保存している……。それにしても私が元気な内、生きている内に帰ってきてくれて、それだけは本当に嬉しい」

正雄の遺骨は、父親の眠る墓に手厚く葬られた。正雄の父は、その前の年に、九十歳で亡くなっていた。

「お父さんが天国で正雄兄さんに会い、遺骨がまだ長崎にあることを教えられたのだろう。そして何とか故郷へ遺骨を帰そうと、原さんに知らせたのだ」

正雄が長崎から家族に送った写真

貞子たち兄弟はそんなことを話したのだった。

マサヱは思う。

「正雄はお父さんのそばに行くのだから。お父さんと同じところに眠るのだから。遠い長崎から帰って来て、お父さんと一緒に居られるのだから。有り難い……」

貞子はつくづく考えさせられた。

「親兄弟がありながら、今まで無縁仏にされていた兄のくやしさはどれほどだろうか。夫は仕事で何回も長崎へ出張し、また夫婦の新婚旅行も長崎で過ごしたのに、私たちは何も知らなかったのだ。そこに無縁仏の一人として兄の名前が掲示してあるなど、どうして想像できただろうか」

貞子は、原と出会ってから、何か大きなものを教えられた気持ちでいっぱいになった。不幸な出来事で亡くなった人たちの心情を察してあげるのが、生きている者の務めであり、人間らしさではないかと気がついたのだ。

貞子は、自分の利益ではなく、企業や行政がやろうとはしないことを自らの病気をおしてでも貫こうとしている原の姿に感銘を受けた。

「何か、原さんの手助けができないだろうか。兄の他にもたくさんの無縁仏が今なおいるのだ。このまま何もせずにいては時が流れるだけで、同じ屋根の下で兄が一緒に過ごした仲間の霊に申し訳がない」

だが手紙をしたためた貞子に対する原の返事は、厳しいものだった。

「この仕事は机の上でできるような、生易しいものではないように思います。それにまた本当の至近距離の中で原爆の地獄を体験した者でないとやれないように思います」

マサヱは一九九三年（平成五年）に、九十三歳で亡くなった。今は夫、そして正雄とともに安らかに眠っている。

「一番尊敬する人は誰ですか」

貞子は、ある会合でこんな質問を受けたことがある。他の人たちは、昔の偉人など、有名な人たちをあげていた。しかし貞子の答えは違っていた。

「原圭三さんです」

関わった人たちしか知らない名前なのはよくわかっている。しかし貞子は、自然にそう答えた。亡くなった人たちが一番喜ぶことをしている、そんな原の仕事は、今の世の中で他に類を見ないことだと貞子は感じるのだ。


その年の夏だけでも、原の知らせで九柱の遺骨が引き取られていった。こうした短い期間にこれだけまとまった数の遺骨が引き取られたのははじめてのことである。無縁仏の遺骨の引き取りがそれまで年間で二件から三件程度だったことを考えると、原の功績がわかる。

しかし、好意的な遺族ばかりとは限らない。むしろ、原をうさんくさい眼で見る遺族が多かったのである。相手にとってみればどこの何者ともわからない男が、突然訪ねて来るのだ。三菱の名刺を持っている訳でもない。見舞い金を払おうということでも勿論ない。訪問販売の詐欺まがい商法が増えていることを考えれば、無理もない対応かも知れない。

五十年前の亡霊を見たように、扱われたこともあった。鹿児島県で犠牲者の実家を訪ねた時のことである。応対に出た女性に、犠牲者の母親がいないかどうか尋ねた。彼女はそれには答えず、

「どういうことですか」と原に聞いた。原は、どうやら彼女は無縁仏となっている犠牲者の妹らしいと見当をつけた。玄関口で原から事情を聴くと、彼女は家の奥に入り、原はしばらく待たさ

れた。なかなか出て来ない。奥の方で声をひそめて何か話している様子だ。原は、はっと気がついた。母親を別の部屋に隠してしまったのだ。

「位牌の供養はしています」

しばらくして出て来た妹は、そう答えるばかりだった。位牌に線香をあげさせてくれないかと頼んだが、それも断られた。母親に会うことができれば、遺骨を故郷に帰してあげることができるかもしれないのに、と悔やんでも悔やみきれなかった。母親であれば自分の息子のことだから放ってはおけないはずである。是非母親に会いたかった。

その一方で、母に合わせることを拒んだ妹の気持ちも、まったく理解できないわけではなかった。彼女の兄はこの田舎町から徴用されて原爆で亡くなった。しかし国が、長崎市が、そして三菱が何をしてくれたのか。死んだ兄をそのままにしたきりではないか。行政も、会社もしようとしないことを個人がするのは、何か別な理由があると怪しまれたのかもしれない。

遺骨を引き取りに行っても慰霊金が出る訳でもない、旅費が出る訳でもない。貧しいとはいわないまでも、裕福とはいえない今の生活を維持するのが精一杯という中で、戦後五十年もたった頃に突然知らない男が現われて、兄の遺骨があると言われても戸惑うばかりだ。そんな妹の気持ちが、手に取るようにわかった。原は応対した妹を責める気にはなれなかった。ただ淋しく、故郷に帰れない遺骨がかわいそうに思われたのだった。

同じ鹿児島県出身者の親戚を訪ねた時のことだった。消息のわかった妹は「是非兄の遺骨を引き取りたい」と話したものの、すでに他家へ嫁いでいる。嫁ぎ先への気がねもあって引き取りは難しそうだった。宮崎県延岡市に弟がいると聞いて訪ねたが、彼は「そのうちに……」と口を濁すばかりだった。延岡からわざわざ長崎に出て行くためには会社を休まねばならない。往復の旅費と長崎の宿代だってばかにはならない。その見返りは遺骨だけである。何十年もたって、肉親といえども関心が薄れてしまっているのだろうかと、原の心は痛む。

遺族にとって、「遺骨」はなくとも「位牌」はある。彼らなりに、慰霊はしているつもりなのだ。

確かに慰霊の仕方は様々あるだろう。遺骨がなくとも供養はしている、というのはその通りかもしれない。ただ、無縁仏として祀られて来た遺骨は、身元が明らかになった以上、無縁仏ではないはずだ。爆心地近くの一パーセントに満たない生き残りの一人であり、自分が無縁仏になっていたとしても少しもおかしくない者として、原はそうした遺族の対応が残念でならない。

原は戦争中、防空壕に避難した時のことを思い出す。同僚との話題はまず食べ物の話、それに故郷の自慢である。それは、家族との再会を待ち望む気持ちなのだ。

地元の人間以外にとって、長崎はむりやり徴用で連れて行かれたところであり、望んで行った場所ではない。あの頃、毎日毎日残業で食べる物もなく、身体が疲れてくると無性に故郷が懐かしかった。そんな思いのまま死んでいった彼らの遺骨を、できるだけ故郷に、家族のもとへ帰してあげたい。

しかし遺族の事情を察すると、どうしようもない気持ちになることもある。岡山のある遺族を訪ねて行った時のことだ。犠牲者の妻だった。

「今が一番幸せです。そっとしておいて下さい」

そう原に告げた。彼女は再婚していた。原爆で死んだ夫よりも、今の夫と過ごした生活の方が長いのだ。家族に隠しておきたいこともあるのだ。

一方でこんな人もいた。一九八九年（平成元年）六月、鹿児島県のある犠牲者の実家を訪ねた。豪邸といってもいいほど立派な構えをした家である。亡くなった犠牲者の弟にあたる男性が出て応対した。原より一回りも大きな体格をしていて、しかも威圧的な雰囲気だった。

丁寧に事情を説明したのだが、彼は黙って奥に引っ込み、そのまま玄関口で三十分近くも待たされた。じっと待っていると、奥の方で笑い声が聞こえる。どうやら彼が、家族か近所の人と相談しているらしい。

「誰の骨かわかるもんか」

ようやく彼が玄関口に戻ってきて言った言葉はそのひとことだった。原は怒りで顔を真っ赤にして、その家をあとにしたのである。

この話には後日談がある。原が鹿児島の実家を訪ねてから五年たった一九九四年（平成六年）夏のある日、その弟が遺骨を引き取りに長崎の納骨堂を訪れたのだ。それもロールスロイスに乗ってである。彼は原にひとことの挨拶もなく、遺骨を引き取ると逃げるように帰ったという。原はこの話を、地元のテレビ局の記者から聞いた。テレビ局では、遺骨の引き取りと聞いて取材しようとしたのだが、弟はわずかなすきさえ与えなかったという。

事情を調べてみたところ、原がその家を訪ねた頃に、彼は寺守をしていたという。そこは小さな村で、寺はあったものの僧侶がいなかったためらしい。その後正式な僧侶になったことがわかった。歳月が人を変えて兄の遺骨を引き取りたいと考え直したのか、あるいは兄の名前が無縁仏として掲示されている以上、そのままにしておくのは僧侶としての世間体が保てないと考えたからなのか、その理由はわからない。遺骨は故郷に帰れてうれしかろうが、きちんと供養されているのだろうか、それが原には気がかりである。

直接訪ねたり、手紙などで連絡をとったりしても遺骨を引き取ろうとしなかった遺族について、一九九四年（平成六年）、原は長崎市役所に住所と電話番号をつけた名簿を渡した。個人の力では説得できなくても、公的な機関からの連絡となれば、きちんと対応してもらえるのでは、と考えたのだ。しかし翌年、市役所に出向いて対応を問い質した原に、市役所の担当者は「検討しています」と答えるのみであった。市役所は何ら手だてを講じていないのだった。

平和公園の納骨堂では、遺骨が引き取られる度に、掲示板の名前が白いペンキで一人ずつ塗り潰されていく。その名簿の下には連絡先が表示されるようになった。この名簿は、長崎市から各都道府県と全国のすべての市、それに全国各地の被爆者団体などに、ポスターにして配られるようにもなった。原の努力が注目されてテレビなどで報道されたことで、市役所が対応を改めたのだ。

ポスターが全国に配られた一九九〇年（平成二年）以降、二〇〇〇年（平成十二年）六月末現在で、遺族へ引き渡された遺骨は十一柱、遺骨はすでに別の場所で引き取って埋葬してあり、名簿は間違いだとの遺族からの連絡で、名前が掲示板から消された人は二十五名である。この結果、無縁仏の納骨堂に安置されている遺骨は八千九百二十九柱、この内名前がわかっていながら無縁仏として祀られている遺骨は、百二十四柱となっている。

原の名簿作りは、国や企業から見捨てられた仲間を取り戻す作業だ。彼らの命を、原の中に再び取り戻すのである。それは原爆の生き残りとしてのやむにやまれぬ気持ちからであり、癌に侵された原をこれまで突き動かした原動力ともなってきた。

しかし原の仕事は、無縁仏の身元探しをする過程で、原一人だけの問題にとどまらなくなっていった。原のもたらした知らせは、今は亡き父や母、兄弟などの、帰らぬ遺骨につらい思いをしてきた人たちにとって、この上ない喜びとなった。原と遺族は、不思議な縁で結ばれることになった。無縁仏とされてきた原爆犠牲者を共に慰霊することで、心のつながりを持ったのである。そして、本来は先祖からの土地で祀られるべき人々が、徴用されて働かされた土地で無縁仏とされてきたことへの怒りが、それぞれの胸に生まれた。

戦争は人々の人生を大きく変え、数多くの生命を奪った。そして無念の死を強いられたあとまでも、無縁仏は社会の犠牲となり続けている。無縁仏の遺骨をどう扱うか。それは、遠い過去の問題ではない。今生きている人間の、生き方の問題である。経済的に豊かになった社会にあっても、原にとっての戦争は、まだ決着が着けられていないのである。

第六章　人間の論理

三菱重工長崎造船所の独身寮である昭和寮の敷地の一画に、原爆で亡くなった従業員を慰霊するモニュメントがある。従業員の間で、長崎造船所でも原爆犠牲者を弔う芳名碑を作りたいという話が持ち上がったのは、原が退職してからのことである。

一九八八年（昭和六十三年）の原爆の日、三菱の慰霊祭で、ＯＢがとりあえずまとめた長崎造船所関係の犠牲者の名簿が掲示された。その頃はまだ、芳名碑建設の許可が出ていたわけではなかった。社内でも賛否両論があったのである。しかし相談役の古賀繁一から「名簿を紙に残すだけでは、後々わからなくなる恐れがある。芳名碑作りを是非やりなさい」と声がかかった。

古賀は長崎造船所で造られた世界最大の戦艦、武蔵の建造主任を務め、その後本社の社長、会長を歴任した人物である。実力者の鶴の一声で、翌年の完成を目指して計画は具体化することになった。

建設の主体は、長崎造船所ＯＢで作る「三菱重工業長崎原爆供養塔奉賛会」が担当し、会社は側面から支援する形を取った。作業には八人のＯＢに、会社の総務担当者を加えて総勢十人があたった。会社として戦前から残された名簿はない。しかし、会社から長崎市に提出した死亡届けの写しの一部が、市役所に保存されていた。そうした資料を参考に、犠牲者の名簿を改めてまとめ、社内に掲示した。

長崎兵器製作所は同じ三菱重工の別の事業所であり、その仕事を戦後長崎造船所が引き継いだこともあって、名簿は長崎造船所と長崎兵器製作所の犠牲者が対象となった。

名前が欠けていたり、間違っていたりしたら連絡して欲しいと呼びかけた。また芳名碑に記載する名前は、原爆が投下されてから一年以内に亡くなった人に限ることにした。しかしわずか一年で名簿をまとめる作業は、会社の支援があってもなかなかはかどらなかった。このため市役所に残された資料に、ほとんどを頼らざるを得なかった。

古賀のゴーサインが出て一年後の一九八九年（平成元年）、原爆犠牲者の芳名碑が除幕された。高さは約二・五メートル、直径は二・九メートルで、正面には古賀の揮毫《きごう》による「原爆殉難者芳名碑」の文字が刻まれている。上から見ると三菱のマークがかたどられている碑の六つの面には、四千百九十七人の名前が刻まれた、ブロンズ製の芳名板が取りつけられている。

奉賛会の事務局長、浜松祐夫は、お参りをした家族が、亡くなった肉親の名前をなでて帰る姿を見ると、「やっぱり碑を作ってよかった」と思う。

一方、原爆犠牲者に対する会社の扱いに違和感を感じていた原は、除幕式に出席することもなかった。そうはいっても気になって、しばらくしてから芳名碑を訪れた。

三菱長崎造船所の原爆殉難者芳名碑。6つの面に4,197人の名前が刻まれたブロンズ製の芳名板が取りつけられている。

一目見て、原は驚いた。名前に間違いがあまりにも多かったからだった。漢字の名前を片仮名で表記しているケースが多い。逆に片仮名の名前を漢字で表記したものも目につく。仮名にしても、あ行のエとかぎのついたヱを混同したものが多い。エは江戸の江のつくりであり、かぎのつくヱは慧の略字で、意味が全く違う。同じ読み方の漢字の間違いは、珍しくもないほどである。原爆殉難者と銘うっているのに、八月一日の長崎大空襲の犠牲者も数多く含まれている。こんな調子で四人に一人は、原の調べと比べて何らかの食い違いが見つかったのだ。

さらに、遠く沖縄県宮古列島の伊良部島から徴用され、長崎造船所の幸町工場で亡くなった下地昌二の名前もなかった。

そればかりではない。浜口勝の名前も刻まれていなかったのである。あの時、「俺が防空壕掘りに行く」と口に出してしまったばかりに死なせてしまったと、原が今でも申し訳なく思い続けている後輩の名前が、そこにはなかったのだ。

確かに市役所の資料は、重要な手がかりである。混乱した状況の中で集められたものだけに、間違いがあってもおかしくはない。仕方のないことだと原も思う。問題は、様々な他の資料と突き合わせることをせずに、そのまま名簿としてしまったことにある。

原はその時の三菱重工の社長、相川賢太郎に手紙を書いた。

「一見しておわかりの通り、あまりにも間違いが多く、内部の者にはともかく、外部の人や特にご遺族などにお見せできるものではありません。碑文に『……従業員、応徴士、女子挺身隊、動員学徒の芳名を精査し…』と刻まれておりますが、事実は『精査』ならぬ『軽査』としか言えないのではないでしょうか。生ある者の名前を間違えても、お詫びして言い直しができます。しかし故人となられた方々のお名前を間違えたまま碑に刻み、放置しておくことは許されません。故人の人格の軽視と解されても弁明の余地は無いのではないでしょうか」

相川は、三菱重工長崎造船所で原爆にあった被爆者でもある。原の気持ちをわかってくれるのではと、期待をかけた。しかし三菱、そして相川からの返答は、一切なかったのである。

奉賛会の浜松はこう考える。

「目的はお墓を作ることじゃない。亡くなった多くの方々の慰霊が目的だ。名前に多少の間違いがあったとしても、原爆犠牲者の霊を祀ることの方が大切だ」

原の批判を耳にしてこうも思う。

「人間のやったことには間違いがある。芳名碑に間違いがあると思われても構わない。何と言っても、作業の期間を一年に限ってやったのだ。原さんがずっとやっているとすれば、名簿を作る期間が違う。そもそも原さんの名簿が正しいかどうかもわからない。それは歴史が解決する問題だろう」

それを聞いた原は、原爆で亡くなった人たちに対する冒瀆《ぼうとく》だと感じた。奉賛会の名簿は、自分の足を使わず、既存の資料を使って机の上でまとめただけだと思うからだ。

原は、取材で訪れた私に会うたびに、三菱の芳名碑の欠陥を、唇を震わせながら訴えかけた。

「相川は社長としては一流だったかもしれませんが、人間としては四流だと思います。自分の名前が『合皮犬太郎』と刻まれても平気なのでしょうか」

原は、このところ肺気腫に悩まされ、肺の機能が低下している。話をするのも辛そうで、少し語るたびに、短距離を全力疾走したかのように、大きく肩を怒らせながら深呼吸する。しかしこの話になると、我を忘れて額に汗をにじませながら、私に語りかけるのである。そして思いの丈を一気に語ると、放心したように、遠くを見る表情になる。

手紙でも、同じ話を何度も受け取った。そこには「死んでいった人たちの慰霊に、あの碑があるのは、実際に原爆を体験した私には許すことができません」と綴られていた。そこには恨みともいうべき感情が込められているようだった。芳名碑の問題で、原は個人の怒りを超え、彼の魂は原爆犠牲者の気持ちになりきっていた。かつて戦争を支えた三菱という組織、そしてその組織を今も支える個人に対し、徹底的にその責任を追及するのである。

「悪いのはお前だ！」

原はそう叫び続けているのである。

一九九五年（平成七年）六月、沖縄県糸満市の平和祈念公園で平和の礎《いしじ》が除幕された。大理石でできた千百八十四枚の刻銘板が、何重にも重なった屏風のように広がっている。戦争の犠牲となった二十三万四千百八十三人の名前が刻まれた。

沖縄の地上戦で亡くなった県民をはじめ、日本軍やアメリカ軍の兵士、韓国や北朝鮮・朝鮮民主主義人民共和国、台湾などの犠牲者の名前が刻まれている。しかしそれだけではない。この内の百十五人は長崎で被爆して亡くなった沖縄の出身者たちなのだ。

徳田友徳の墓前で手をあわせる原。〈於・沖縄県具志川市　1995年〔平成7年〕2月〉

瀬名波起周、玉城光子、新里京子、湊川孟弼、湊川貞子、宮城牛太郎、小橋川新輝、比嘉良光、上江州安盛、徳田友徳、玉城オキ子、下地昌二、長浜武雄、この十三人は長崎に投下された原爆で死亡した沖縄出身者の内、三菱に関係する企業で働いていた人たちである。しかし平和の礎が完成する四カ月前の時点で沖縄県が把握していたのは、この内の四人だけだった。

残る九人は平和の礎に名前が刻まれない可能性もあった。その名前をもたらしたのは、原である。沖縄県が地元の出身で戦争の犠牲になった人たちの名前を平和の礎に刻むと聞き、沖縄県庁の平和推進課に立ち寄って名前を寄せたのだった。

沖縄県では原の寄せた情報をもとに、遺族にあたって名前を確認した。その結果、いずれも間違いのない名前であることがわかった。そして戦後五十年を迎えた年に除幕された平和の礎に、原が伝えた人たちの名前が刻まれたのである。

戦時中、国民は人間性を認められなかった。国家や軍需企業にとって、兵隊や工員は足りなくなれば徴用するという、それだけの存在でしかなかった。そして名前は、彼らがきちんと出勤し、まじめに仕事をしているかどうかを確認するための、記号に過ぎなかったのである。それが国家の論理であり、企業の論理であった。

しかし原にとって、死んでいった同僚は、血の通った、かけがえのない仲間だった。

彼らの犠牲の上に、戦後の経済成長や企業の繁栄があるのだ。それなのに誰も、彼らのことを振り返ろうとしない。今の社会を生きる者として、原は、死んでいった同僚に申し訳ないという気持ちが、どうしても消えなかった。

原は、自分の仕事に終わりはないと思っている。これからも命の続く限り、名簿作りを進めようと思っている。全国をまわる時には、かならずこの名簿を携える。名簿と一緒に風景のきれいなところや名所を訪ねて歩くのだ。かつて苦労を共にした同僚や後輩、上司と一緒に昔を偲びながら旅をするのだ。

名簿に名前が記された彼らは、働けるだけ働かされて死んでいった。楽しいことは何も知らずに、死んでいった。せめて美しい日本の景色を見せてあげたい。

「これが君の故郷か。いいところだなあ」

日本のあちこちで名簿を広げて彼らと一緒に、それぞれの故郷の素晴らしさを語り合いたい。原の「名前を探る旅」は、「名前と共に生きる旅」でもあったのだ。

原と、彼を取り巻く人々を取材しながら、私は考えざるを得なかった。アメリカの「核の傘」に守られている日本、という戦後の構図の中で、一般の人々にとって原爆犠牲者や被爆者は、一年の内、八月六日と九日の二日間だけ思い出される存在でしかない。被爆者は今の社会を共に生きる仲間なのに、「ヒバクシャ」というレッテルを貼られることで、原爆にまつわる出来事は、日常から切り離された特殊な問題とされてしまっている。しかし彼らは、特別な存在ではない。

原の名簿に載っている原爆犠牲者は、住み慣れた土地から突然引き離され、全国各地から長崎に徴用された普通の庶民である。彼らは連日の残業による疲労と空腹、そして空襲の恐怖の中で働かされ続け、その挙げ句に、原爆の灼熱の地獄の中で、あるいは放射線による障害で苦しみながら死んでいった。

それればかりではない。遺骨は故郷にも帰れず、彼らが国のために身を挺して働いたという記録も、あやふやなままなのである。それだけの仕打ちを、なぜ彼らが受けねばならないのだろうか。

原爆の猛烈な破壊力は古い町並みを一掃し、表面的には被爆の傷跡をほとんど残すことなく、廃墟の上に戦後の社会が復興した。しかし、そこに原爆の犠牲となった人々が生きていたという事実は、決して消え去りはしない。原圭三をはじめ、被爆した人々の心の痛みは、決して薄れることはない。

原にできることは、今の社会から忘れられた同僚の名前を明らかにすることである。それは、企業や国家、そして軍国主義社会に押し潰された一人一人の人生を、人間の側に取り戻すことでもある。他の誰もやろうとはしなかったその仕事を、原は一人で引き受けてきた。それが、自らの体験に基づく原の個人の論理だ。企業や国家の論理に対する時、それは「人間の論理」となる。

遺骨は、遺族にとっては大切なものでも、それ自体は何ら利益を生み出すものではない。まして他人には、価値のあるものではない。名前を単に記号として見るだけなら、なおさらそうかもしれない。しかし、だからこそ逆に、名前に込められた真実を探ろうとした、原の取り組みは、社会を裏側から照らし出す一筋の光となった。名前には、両親が子供の幸せを願ってつけた思いが込められている。そしてその名前は、それぞれが確実にひとつの人生を象徴したものであり、人がそれぞれの人生を生きた証だからである。様々な情報があふれた毎日の生活の中で、ある被爆者の旅は、本当に大切なものの意味を、私たちに問いかけてくるのである。

長崎原爆無縁死没者遺骨名簿

あ行

東　英雄　　荒井　舟　　新井　マサ子　　池田　義雄
池山　佐和夫（池山　佐知夫）　　石井　保男　　石川　二郎
伊藤　留次郎　　岩下　臣治　　岩山　春堂　　内園　正
梅津　勇　　梅本　トモエ　　奥山　元植　　小田　チエ子
表　和太郎（俵　和太郎）

か行

梶原　重雄　　金谷　進　　金子　静枝　　金城　和宅
金原　徳次　　川内　マサ子　　川口　豊　　河村　延子
河本　義人　　北村　徳義　　北村　保子　　清浜　俊一郎
久保　ハシ子　　隈原　ヒメ　　呉　正夫　　黒瀬　ミセ
慶原　柄明　　小林　初子　　近藤　スツ　　後藤　格治（後藤　格志）

さ行

笹内　カメヲ
佐藤　幸夫
沢田　幸英
島田　秋男
島田　幸作
島田　米吉
白石　トク
白本　勝三（白木　勝三）
末永　ノイ（末永　ノエ）
宗　ヨシエ

た行

高本　寅一（高木　寅一）
高柳　才次郎
田川　シカ
田川　忠雄
田崎　松重
立木　弘
田中　静子
田中　千鶴
田中　信幸
田中　春男
田原　朝代
田原　靖美（田原　清美）
辻　滝雄（辻　竜雄）
出口　弥太郎
徳永　始（徳永　初）
富山　東保

な行

中村　一郎
中村　三鉄
中村　久志
中村　松美（中村　松実）
永瀬　政子
西　マサ子（西　マサ）
西田　留八
西原　在健（西原　在建）
野口　ヨシ子
野中　和子

は行

橋本　フイ
浜田　弘之
林　正勲
原口　キマ
光　福助
久部　万平
平山　興
平山　ヨシ子
深野　ヨシヱ
深堀　ツネオ
福島　一巳
福島　和三
福田　秋幸
福富　重雄（福留　重雄）
藤井　健彦
藤達　正雄
星山　太郎

ま行

前谷　光義（前谷　光雄）
正村　純身（正村　紙身）
舛村　光盛
町山　邦男
松田　秋男
松田　スコヨ
松田　フミヨ
松山　長武
三木　義公
水島　博
水島　ミチ
光山　政男
三根　ツキヨ
宮田　敏子（宮田　繁子）
三輪　冨士枝
明　達
村山　文治
森　太郎
森　常一

や行

八木　渉子　　八木　元春　　安田　政美　　柳　ミスノ
矢野　義男　　山岡　嘉市　　山口　鉄夫（山口　鉄雄）
山口　秀雄　　山口　博　　山口　律　　山田　重太郎
山田　チヅ子　　山中　シズヱ（山口　シズヱ）　　吉田　増夫
吉原　豊子

わ行

和平　カツ子

（平成十二年五月末現在　百二十四名）

＊名簿の（　）書きは、原の調査で明らかになった氏名。
長崎市は、原の調査を受けて、その大半を併記している。

＊問い合わせ先　長崎市原爆被爆対策部調査課　電話〇九五—八二九—一一四七（直通）
長崎市民生委員・児童委員協議会　電話〇九五—八二五—七〇八三（直通）

参考文献・資料

長崎市役所編纂『長崎原爆戦災誌』
　第一巻　総説編（一九七七年）
　第二巻　地域編（一九七九年）
　第三巻　続地域編・終戦前後編（一九八五年）
　第四巻　学術編（一九八四年）
　第五巻　資料編（一九八三年）
思い出集世話人発行『原爆前後』第十八巻（一九七三年）
広島市・長崎市　原爆災害誌編集委員会編『原爆災害　ヒロシマ・ナガサキ』（岩波書店　一九八五年）
NGO被爆問題国際シンポジウム長崎準備委員会編集発行
　『原爆被害者の実相――長崎レポート』（一九七七年）
全国一般長崎連帯支部長船労組『三菱重工と兵器生産』五訂版（一九九〇年）

ヒロシマの絆——父から子へ

広島市原爆被災地図

点線内は全焼・全壊した地域。
点線外はほぼ全域で建物が半壊した。

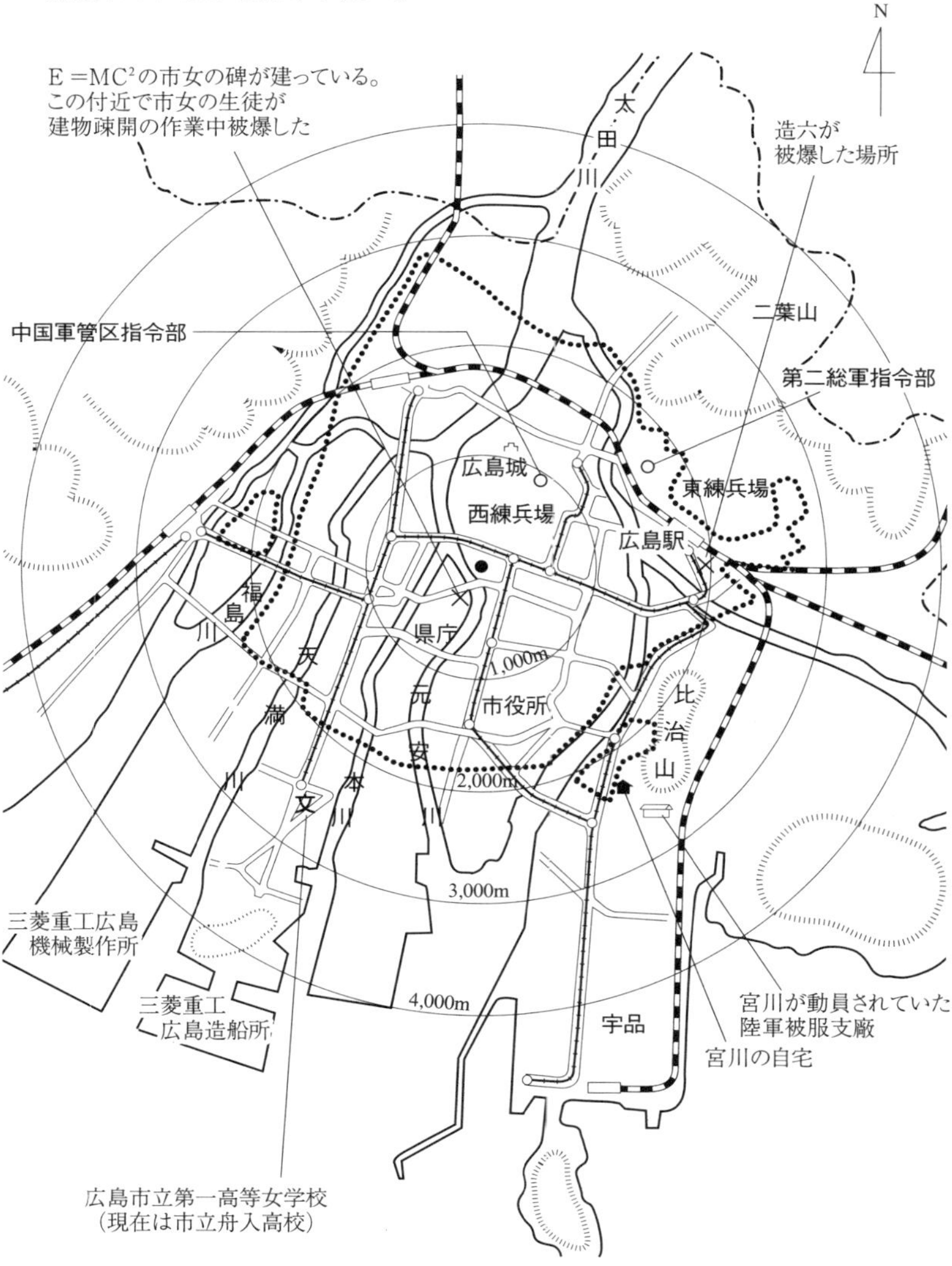

『原爆被爆者対策事業概要』より
（広島市原爆原爆被害対策部発行）

第一章　人生の林にわけ入りし

「昭和十九年四月、わたしは広島市立第一高等女学校へ入学しました。セーラー服にモンペの私は、胸に校章と名札をつけて、校門をくぐりました。春雨の降る入学式でしたが、急にお姉さんみたいになった私をうれしそうに眺め、笑顔いっぱいで傘をさしかけてくれた、あの日の母の顔が忘れられません。

戦時中とはいえ、音楽は滝廉太郎の『花』。『ジス・イズ・ア・ペン』と、生まれてはじめてアルファベットで書いた英語。裁縫や料理のお作法の時間。何もかも高等小学校とは違った授業ばかりで、これが女学校なんだ！　と、思わず胸を張りたくなるような毎日でした。でも……このバラ色の女学校生活も、長くは続きませんでした」

広島市立第一高等女学校、通称・市女《いちじょ》の後身である広島市立舟入高校の演劇部は、創作による原爆劇の上演活動を続けている。冒頭に紹介したのは、一九九五年（平成七年）に上演した劇『文《ふみ》の林にわけ入りし』の台詞の一部である。

市女では、広島に投下された原爆で、生徒と教師あわせて六百七十六人が犠牲になった。舟入高校演劇部では、劇を通じて原爆の惨禍を語り継いでいこうとしているのである。

この年の劇は、原爆が投下された一九四五年（昭和二十年）の正月に市女の生徒たちが書いた三十五枚の書き初《かぞ》めが、一九九四年（平成六年）になって、ほぼ半世紀ぶりに見つかったという、実際の出来事を題材に取り上げている。広島では原爆で、家や建物の多くが焼き尽くされた。このためわずかな形見さえ残されていなかった犠牲者がほとんどで、多くの遺族にとって、新たに発見された書き初めが、唯一の貴重な形見となったのだ。

書き初めの題は「端正簡素優雅」の六文字である。半紙に、三文字ずつ、二行に書かれている。左はしには、それが書き初めであることを示す「昭和二十年元旦」という日付と、学年、組、それに名前が記してある。

その書き初めの「文の林」を見る時、楷書で書かれた、のびやかで、しかも力強い筆遣いから、私は、彼女たち一人一人の若々しい息吹を感じる。やや右肩あがりの字体もあれば、勢いあまってバランスを崩した、よく言えば味のあるものもある。作品によってそれぞれの個性が明瞭である。じっと眺めていると、真剣な眼差しで書き初めをしていた彼女たちの姿が、目に浮かぶようである。

劇のタイトルは「文の林にわけ入りし／我が学びやの乙女等《ら》は／朝な夕なに父母《ちちはは》を／しのびまつりて励みなん」という、市女の校歌の冒頭部分からの引用である。同時に、舞台の背景にずら

形見の書き初め（コピーを撮影）

りと並べられた、生徒たちの書き初めの象徴でもある。

劇では、その書き初めに込められた生徒たちの願いと、亡くなった娘を今なお思う、年老いた母の心情を描いている。原爆で死亡した先輩たちをなぐさめる鎮魂歌である。

見つかった書き初めは、左側の下の部分に、それぞれの名前が書かれていたが、半紙の下半分が切り取られて、名前のわからないものが一枚だけ含まれていた。現実にあった、その名前のない一枚の書き初めを中心に、創作劇は展開する。

書道の教師だった溝口は、敗戦前に軍隊に召集されることになる。そこで劇では溝口に、こう語らせるのだ。

「先生の最後の頼みを聞いてくれ。正月に書いてもろうたあの書き初めな、本当なら先生が朱を入れて返すところじゃが、そのままにしとる。あれを先生にくれんかのう。みんなが心をこめて書いてくれたものじゃ。あれを持って戦場へ行こうと思うとる。わしはみんなと一緒に戦うつもりじゃ」

溝口の頼みに生徒たちは、「先生にはあげません。お貸しするだけです。必ず持って帰って返してください」と、口々に応ずる。

このうち一人の生徒が、溝口に一つのお願いをした。

「私のは、半分返していただけませんか？　私、先生がぜったいお帰りになるように半分にしたいんです。お帰りになったら、必ず私のもっているのともう一度つなぎあわせて、朱を入れていただきます。それを楽しみに、先生のご無事をお祈りしていますから……」

この願いを聞き入れた溝口は、半分に切り取った書き初めの、名前の入った下半分を生徒に返した。

「名前のないのを先生が預からせてもらおうのう。その方がかえって記憶できるけぇ……これが橋本の作品じゃった」

この時生徒たちは、溝口先生が戦場で亡くなるかもしれないと心配しながら、一方で自分たちの住む広島に原爆が投下されるなど、夢にも思わなかった。しかし、溝口は、外地に向かう寸前に敗戦を迎えたため、無事復員した。逆に溝口の帰りを待ちわびた生徒たちのほとんどが、亡くなってしまったというストーリーである。

実際には、溝口のモデルとなった溝上昇《みぞうえのぼる》は召集されず、爆心地からわずか五百メートルの至近距離で、生徒たちとともに原爆で亡くなった。そのため、下半分のない一枚の書き初めは、今も誰が書いたのか、わからないままとなっている。しかしその名前のない一枚の書き初めが、原爆のもたらしたひとつの側面を確かに象徴しているように、私には思える。それは人と人との絆を断ち切ろうとする力である。

原爆のすさまじい物理的な破壊力に加えて、半世紀の時間の流れに、生徒たちを取り巻く絆は切断されかかっていた。しかし、その絆をたぐり寄せようと、劇の中の話ではなく、現実に懸命に取り組んだのが、広島の大学で英語の講師をしている宮川裕行《みやがわひろゆき》である。宮川は、半世紀ぶりに見つかったこの書き初めを、遺族のもとに返そうと力を尽くした。そのこだわりが、冒頭の創作劇を生むことにもなった。

彼の父、宮川造六《ぞうろく》は、被爆当時、市女で校長を務めていた。市女は、広島にある学校の中で、原爆で最大の犠牲者を出した学校である。造六は、あの日、午前八時前まで爆心地付近にいて、一年と二年の生徒たちとともにいながら、たまたま用事があって広島駅の方に向かい、生き延びたのだ。一方、学校の指示で現場に集まった生徒たちは、全員が亡くなった。ヒロシマでは、人の生と死は、まさに偶然によって分けられたのである。

しかし人は、肉親の死を偶然だから仕方がないと割り切ることはできない。親たちは、「なぜあんな危険なところに娘を行かせたのか」と、造六を責めた。造六はすでに亡く、今となっては、彼の胸中を直接問うこともできない。

長男の宮川裕行は、父と同じ教師の道に進みながら、戦後、造六から、原爆にまつわる話をほとんど聞くことがなかった。しかし宮川も被爆を体験し、心に傷を負った一人である。父の死後、その苦しみを少しずつ理解できるようになったのだと言う。そんなある日、宮川は、市女の生徒の書き初めが残されていることを知った。宮川は生徒たちの遺族探しにこだわり、人と人との絆を求めて、彼女たちの人生の林にわけ入っていった。

そうした宮川の姿を見ると、彼は、彼の父から何かを受け継ごうとしているように思われた。宮川にも、それが何なのか、はっきりとはつかめていないようだった。しかしそれでも彼は、その何かを探し続けているように見えた。

ヒロシマには、犠牲者の数だけ、原爆にまつわる物語があるのだろう。宮川親子を通じて垣間見られるのは、その内のひとつの話に過ぎない。彼らが、ヒロシマの犠牲者を代表しているわけでは、もちろんない。しかしそこにも、核時代を告発する人間の営みが、確かにあると感じられるのである。

第二章　父の夢

少年時代の宮川にとって、父、造六は、「恐ろしいおやじ」であり、宮川が大人になってからは「偉大なるおやじ」であった。「恐ろしいおやじ」というのは、とにかくよくおこられたからだ。宮川は、特別にわんぱくというわけではなかったのだが、ひと言でもたてつこうものなら、「ばかもの」と怒鳴りつけられたのだ。家にあっては、封建的な家長そのものであった。「偉大なるおやじ」というのは、最後には広島市の教育長にまでなった父親が、乗り越えるのが難しい大きな壁のように感じられたからだった。

二十世紀が幕を開けた一九〇一年（明治三十四年）、造六は、香川県仲多度郡垂水村、現在の丸亀市垂水町の農家に、次男として生まれた。造六は身体が小さく、おとなになっても身長が百五十センチそこそこしかなかった。今と比べて日本人全体が小柄だった時代のなかでも、造六の背の低さは特に目立った。後に造六は徴兵を免れたのだが、その原因は背の低さだったという。

造六の家族は両親に加え、男ばかりの五人兄弟だった。育ち盛りの子どもたちを抱えて、生活は厳しかったという。しかし子どもたちはいずれも優秀で、学校の成績は抜群だった。

長男の一枝《かずえ》は、農家の跡を継いだ。しかし、他の子どもたちには上級の学校に行かせてやりたい、そう願った両親は、造六を東京高等師範学校に入れた。高等師範学校は、師範学校や中学校などの教員を養成するための学校である。優秀な人材を発掘しようと、貧しい家庭の子弟には入学金や授業料などが免除されたのだ。やがて造六は、高等師範学校を卒業した。しかし、自分の希望で入った学校ではない。造六の夢は別にあった。実業の世界である。好景気で人々の生活が豊かになって行くのを見て、造六は、自分も経済人となり、世界を駆け巡りたいと考えた。そのためには経済の勉強が必要だと考え、京都帝国大学経済学部に改めて入学した。

造六は、京都帝大の学生時代、大阪の生野中学校で教師をして生活費を稼ぎながら、三人の弟たちを大阪に呼び寄せて面倒を見ている。その弟三人も東京帝大や専門学校にそれぞれ無事進学した。ほっと肩の荷を降ろしたのも束の間、いざ京都帝大を卒業という一九二八年（昭和三年）は、前年に起きた金融恐慌の影響で不況のどん底である。世界規模で動く貿易こそ、これからの日本を支える仕事だと考えていた造六は、就職先として商船会社を希望していた。しかし期待に反して、帝大生といえども、民間企業はどこも採用してくれなかった。

どうしようかと悩んでいたところ、東京高師の先輩として知っていた広島県の三原女子師範学校の辻校長が、「うちの付属小学校に来ないか」と声をかけてくれた。造六は結局、教師の道に進む決心をしたのだった。その時二十七歳の造六に与えられたポストは主事、今で言う校長である。帝大卒の威光は大きかったのである。

造六は、赴任先の三原で結婚し、一九二九年（昭和四年）九月、長男の裕行《ひろゆき》が生まれた。

その後、造六を呼んでくれた三原女子師範の辻校長が、埼玉県の女子師範の校長に転出したのにあわせて、造六も同じ師範学校に教頭として移ることになった。こうして宮川も、三歳から七歳までの子ども時代を、浦和で過ごすことになった。

まだ小さかった宮川にとって、浦和時代の思い出は、楽しいことばかりである。はっきりと覚えているのは、家族で毎年春、花見をするため東京に出かけた時のことだ。両親に連れられて、埼玉から電車で上野に行く。大都市東京はハイカラで、目に映るものすべてが新鮮である。百貨店の松阪屋で買物をすませたあと、家に帰る前に、最上階の食堂でお子さまランチを食べるのが、幼かった宮川の一番の楽しみだった。チキンライスを山盛りにして、その上に旗がたてられた洋食は、とびきりのごちそうだったのである。

花見客で賑わう上野公園の印象は、格別だった。公園の一帯には、紅白の幕が張り巡らされている。

「踊り踊るなら、ちょいと東京音頭、ヨイヨイ」と、東京音頭のレコードが繰り返しかけられ、たくさんの男女が渦になり、我を忘れて踊り続けていた。

花見の席で造六は、人々と一緒になって踊りの列に加わることはなかった。しかし、踊りの渦を楽しそうに眺めていた。桜の樹の下にむしろを敷き、妻の満子《みつこ》の作った重箱の弁当を広げ、踊る人々を傍目に見ながら、家族揃って花見を楽しんだのである。宮川も、そんな賑やかな花見の雰囲気が大好きだった。

第三章　ゆりかごを動かす手

広島市立高等女学校、後の広島市立第一高等女学校のことを、市民は親しみを込めて市女《いちじょ》と呼んでいた。一九二一年（大正十年）に創立された市女は、大正デモクラシーの息吹を受けて、モダンで優雅、そして自由な雰囲気が校風であった。女性の高等教育の場が限られていた戦前にあって、女子校の市女は、地元の少女たちがぜひ進学したいと望む、憧れの学校だった。

市女の同窓会名簿をめくると、最初のページにこう書かれている。

「揺籃《ようらん》を動かす手が世界を動かす」

揺籃とはゆりかごのことである。つまり現代風に訳して言えば、「ゆりかごを動かす手が世界を動かす」となる。これが市女の校訓だった。子育てをする母親の役割、すなわち家庭での日常の仕事が、実はすべての基本で一番大切なのだという教えである。ささやかな日常の生活が、実は、世の中を動かす原動力となっているのだというこの教えは、男尊女卑の風潮が強いその頃の社会の中で、斬新なものだった。さらに「日本」を動かすのではなく、「世界を動かす」と言い切る言葉の中に、市女の教育が、幅広い視野を持つことの大切さを強調していたこともうかがわれる。この校訓を作ったのが、初代校長を務めた今堀友市《いまほりともいち》である。

今堀はクリスチャンで、西欧の自由主義的な思想を踏まえて、生徒の個性を大切にする教育に取り組んでいた。そうした背景が、市女の校訓にも生かされていたのだろう。その今堀が、新しく創立される私立の学校に、理事長兼校長として転出することになった。次の校長にも、そうした市女の校風を守り育てて欲しいと願った今堀は、埼玉女子師範校長の辻に相談した。今堀と辻は、東京高師で同窓だったからである。

その頃は今以上に、学歴や学閥がものを言った時代である。男子の高等師範学校としては全国に二校しかなかった東京高師と広島高師はライバルであり、悪く言えば犬猿の仲でもあった。東京高師の出身者は、学校の近くを流れていた神田川の雅名に因んで「茗渓閥《めいけい》」、広島高師の出身者は、その同窓会の名前に因んで「尚志閥《しょうし》」と呼ばれ、戦前の日本の教育界で二大勢力となっていたのである。そして当然のことながら、広島の学校では、広島高師の出身者が、校長など主だったポストのほとんどを占めていた。

東京高師出身の今堀は、広島では少数派である。クリスチャンで博愛主義者ではあるが、自らの理想とする教育を市女で発展させるために、後継者はできれば母校の後輩からと願ったのも人情であろう。同時に、その頃の校長は権限が非常に強く、後継者を自分で指名することができた。そこで造六に、白羽の矢がたったのだ。

埼玉女子師範に勤めていた頃、造六は生徒たちから非常に人気が高かった。ある時こんなことがあった。生徒の一人が、学校の近くで別の学校の男子生徒と一緒に歩いているところを教員の一人に見つかって、問題となったのだ。今では考えられないことである。

「あんな生徒はけしからん。退学にしろ」

こうした意見が、教員の大半を占めた。そんな時、造六一人が教頭の立場で生徒をかばったのである。誰に迷惑をかけているわけでもないのに、生徒の将来を簡単に変えてはならない。それが造六の考えだった。

結局、造六の主張が通り、生徒はことなきを得た。生徒たちにしてみれば「自分たちのことを、本当に大切に考えてくれている」と、造六の人気は急上昇である。

このエピソードは、退学にされかかった女子生徒が、戦後半世紀近くたって、長男の宮川のことを知り、手紙で明かしてくれた話である。

「校長になれば、自分の思うような教育ができる、そう考えたのだと思います」

宮川は父の心中をそう推察する。造六は、広島へ行く決心をした。三原女子師範にいたこともあって、広島には親近感もある。妻の満子も、広島県出身ということもあり、広島行きを喜んだ。

一九三七年（昭和十二年）のことである。造六はその時まだ、三十六歳の若さだった。

浦和を出発したのは、七月だった。造六夫婦、長男の裕行、次男の惇价《あつよし》、それに長女の皓江《てるえ》の家族五人は、東京駅を午後出発する寝台特急「ふじ」で広島に向かうことになった。

学校が夏休みに入っていたこともあって、駅のプラットホームがいっぱいになるほど、埼玉女子師範の生徒たちが見送りに来てくれた。宮川たち兄弟は、果物など、たくさんの食べ物を差し入れにもらったのが、何よりもうれしかった。ゆっくりと「ふじ」が出発すると、生徒たちは大きく手を振って、造六たちを、いつまでも見送ってくれたのだった。

　翌日まだ夜も明けきらない頃、造六親子は、広島県の糸崎駅で下車した。薄暗い駅の構内に、橙色のランプが、ぽつぽつと灯っている。蒸気機関車が、枕を並べるように何台も停めてあったのを、今でも宮川はきのうのことのように覚えている。新鮮な空気を胸一杯に吸い込んで、新しい土地への旅立ちの思いを噛み締めた造六たちだった。

　造六たちは、山陽線から呉線に乗り換えて広島県の安芸津《あきつ》駅で下車した。学校が夏休み中ということもあり、途中で親戚の造り酒屋を訪ねることにしたのである。ここは造六の妻、満子の姉の嫁ぎ先で、地方の名家である。造六たちは歓待を受け、二日間滞在したあと広島へ向かった。しかし、希望に満ちた旅立ちに悲劇が忍び寄る。この寄り道が原因かどうかはわからないが、造六一家を不幸がおそった。

　広島へ着いた造六たちは、学校が用意してくれていた借家に入ることになった。新校長の造六は、落ち着く間もなくその日から外出して、多忙である。家にも来客が多く、夫婦ともにあわただしい一日だった。

　その日の夜になって、まだ六歳だった長女の皓江が、急に熱を出した。評判の良い医院で診てもらおうとしたのだが、たまたまその日は休日で、あいにく医師は留守である。仕方なく、満子

宮川家の人々。左から弟・惇价、父・造六、母・満子、裕行、お手伝いさん。1937年（昭和12年）頃、広島市皆実町の自宅にて

が皓江を連れ、近くの町医者で診てもらった。

「たいしたことありません。長旅の疲れが出たのでしょう。心配いりませんよ」

そんな診断で、わずかな薬を処方してくれただけだった。

ところが家に帰っても、皓江の容体は悪くなるばかりで、どんどん弱ってくる。あわてて翌日、小児科の専門医へ運び込んだのだが、手遅れだった。発病してから一日足らずの出来事だった。原因は疫痢《えきり》である。この病気は子どもがかかる急性の伝染病で、その頃は、死亡率がきわめて高かった。赤痢菌による場合が多いとされる。食べ物や飲み物が原因

となった可能性が高い。

造六は、激しいショックを受けた。

「お前がぼんやりしておったからだ！」

造六は満子を怒鳴りつけた。宮川は、あまりに激しく怒った父親の姿を目のあたりにして、妹を失った悲しみよりも、父に対する恐ろしさのほうが先にたったほどだった。当時の医療水準では防ぎようのないことであったかもしれない。しかし娘を失った、誰に向けることもできない怒りは、造六の胸に深く焼きついたのである。


悲しみの幕開けとなった広島での生活だった。しかし校長を務める市女の校風は、造六の肌にあった。

戦時中に市女に入学した生徒たちは、市女のイメージについて、次のように書き残している。

「広島市女というと、先生が良い、生徒がむじゃきで上品な、これが市女にはつきものである」

「生徒はみな、美しい校訓どおり、明朗にして醇正だ。そうして、なにか奥深い、ゆかりのあるように感じられる」

広島の中学生たちが盛んに歌った替え歌の一つに「広島女学校数え歌」がある。男女共学でなかった頃のことである。広島の女学校について、男子生徒たちが、その個性をうまくついて囃《はや》しながら、最後に市女について歌っている。

一ツトセ　一人娘のかわいさに　泣いて通わす女学校
二ツトセ　文学その他がなんのその　その名も高き県女マン
三ツトセ　見れば見るほどアラが出る　ミッションスクールの厚化粧
四ツトセ　よればよるほど色黒い　進徳高女のニキビづら
五ツトセ　何時見てもあきがこぬ　山中高女のそのタイプ
六ツトセ　難しい試験のその時に　トキワ高女の花が咲く
七ツトセ　なまいきすぎるは安芸高女　無試験制度のそのくせに
八ツトセ　安いバントをちょいとしめた　安田高女のフクレ顔
九ツトセ　恋をするのはまだ早い　女子商業の乙女達
十ウトセ　十も女学校はあるけれど　家の娘は市女マン

市女は市民に愛された学校だった。戦時中でも、放課後には茶道や生け花、料理や礼儀作法などの課外授業も続けられていた。生徒の主体性を尊重し、卒業後の進路についても、専門学校に進学したい生徒には、その希望がかなうよう指導が行なわれた。そうした市女の教育を造六は、自分では「生活教育」と名づけて、その実践に取り組んでいた。

大阪学院大学名誉教授の齊藤岳夫は、造六が目指していた生活教育とは、一言でいえば「気づかせる教育」だったと言う。齊藤は、広島文理科大学哲学科を出て、一九四三年（昭和十八年）、市女に採用された。造六の教えを直接受け、戦後は造六と同じように広島市教育委員会の教育長も務めた、造六の愛弟子である。

戦時中のきびしい統制の中で、「自由な校風の市女」という評判は、市民には好感を持って受け入れられても、軍部には目障りである。学校には憲兵がたびたび訪れ、すきあらば問題にしようと、その教育を点検していた。「自由な校風とは、自由勝手で気ままな教育ではないか」というのである。

造六や齊藤は、そんな憲兵に丁寧に対応した。ある時齊藤は憲兵に問いかけた。

「わかるとか、わからないとかいう場合に、あなたはどちらがいいですか？」

「そりゃ、わかるほうがいい。わからないほうが良くない」

憲兵はそう答える。まっていましたとばかりに齊藤は反論する。

「そう思うあなたの方が、勝手じゃないですか」

わからないことが、いけないことだと言う方が、一方的だというのである。

「わかることも、わからないことも、両方いいことであって、両方とも認めねばならないことだ。それが自由である」と説くのだ。「わからない」という子どもには、どうしてわからないかを気づかせる指導をするという。禅問答のような、まさにわかったような、わからないような話である。これが齊藤が造六から教えを受けた生活教育の神髄だというのだ。

市女の卒業写真。前列中央が造六。1938年（昭和13年）

では造六は、具体的にはどのように、生活教育を実践したのだろうか。市女には、校庭の一角に寮があった。その名も実践寮という。しかし寮といっても、建物は木造二階建てで、普通の家と変わらず、一度に泊まれるのは十人程度である。市女には寄宿舎はなく、生徒は自宅から通うのが原則で、遠くから来た生徒たちは、親戚や知り合いの家に寄宿して通っていたのだ。

では何のための寮かというと、生徒たちを交替で一週間程度ずつ、寝泊りさせるのだ。そこで食事を作ったり、書道に取り組んだり、茶道や生け花の稽古をしたりして共同生活を体験させ、実際の生活の中で、学校での教育では得られない様々な体験を積ませようというのである。

遊びたいさかりの生徒たちにとって、友だちと一緒に共同生活をおくる実践寮は、楽しい課外授業だったようである。

修練道場という場所もあった。名前はいかめしいが、今でいえば、体験キャンプのようなものである。広島の郊外の田畑を借りて、農作業に取り組むのである。そうした場所で、学校での勉強では学べない「本当の生活」に気づかせるのが、造六の狙いだったと齊藤はいう。では本当の生活とは何か。齊藤によればそれは、「意識する部分」と、「無意識の部分」が一緒にあるということである。その無意識の部分に気づくことが大切だというのである。

「一日遠足」という行事があった。他の学校の遠足と比べて、やっていることが違うわけではない。違うのは、遠足が終わったあと、自分の行動に気づかせる指導を行なったことである。歩く時、人は無意識の内に、様々な行動を取っている。意識せずに手を振っている。友だちとおしゃべりしながら歩いていると、自然に様々な身振り手振りをする。そうした、無意識の内に自分のとった行動を、教師が指摘したり、生徒たちに再現させたりして、人間の行為の無意識の部分に気づかせるのである。それが「本当のこと、真実に気づかせる教育」の一つの取り組みだというのである。

では気づいたらどうなるか。

「本当のこととは、こういうことか」と、生徒たちはわかる。それ以上でも、それ以下でもない。それでいいじゃないか。それが造六の考えであったと、齊藤は言う。それをまた、どうかしようということになると、それは押しつけ教育につながる。「わかればそれでいい」ということなのだ。

こうした教育方法は、実は造六の発明ではない。市女の初代校長を務めた今堀友市から受け継いだ教えである。それを今堀は「真実の教育」と名づけていた。寮生活や、一日遠足の基本的な部分を作ったのは、今堀である。大正デモクラシーの自由な空気の中で生まれ育ったリベラルな教育理念を、今堀流に解釈して市女に根づかせたものである。造六の「生活教育」は、その「真実の教育」を造六なりに、発展させたものだ。新しい思考の扉を示し、自分自身に潜む未知なるものに気づかせること、それが造六の目指した教育だった。「ゆりかごを動かす手が世界を動かす」という校訓は、その象徴だったように思える。

そんな市女も、じわじわと総力戦の体制に組み込まれていった。一九四三年（昭和十八年）三月発行の校友誌『二葉』には、自らを小羊に例えた生徒の、次のような文章が掲載されている。「澄んだ瞳と、遥かな夢の世界をさらっていった戦禍、小さな胸にのしかかった軍という魔物……軍国女性、銃後の女性とそれへのムチは、日に月に強振された。小羊は逃げ惑った。そして蒼い空を遠くみつめた」

市女で生活教育を受けて、自分たちを取り巻く生活を、ありのままに感じるようになった生徒たちは、戦時下の社会を冷静に見つめていた。

造六は先輩の引き立てもあり、若くして教育の要職についてきた。軍国主義が次第に日本全体を覆うようになる中で、学校教育も軍事優先の体制に変質していった。

しかし、宮川の覚えている父の面影は、時代の風潮とはやや異なっている。昭和の初期から自由な雰囲気がだんだん失われ、軍部の発言力が増してくることに対して、造六は常に批判的だった。

「軍人はばかだ。世の中が、見えとらん!」

軍国主義が台頭してきた時代の中で、一人、怒りながら語る父の姿を宮川は覚えている。夕食の席で、家族に対してだけは「日本の軍人が、おろかな戦争を始めた」と憤っていたという。

戦後の一九四五年(昭和二十年)十一月から十二月にかけて、アメリカ戦略爆撃調査団が日本全国で行った調査のなかで、造六も匿名を条件にインタビューに応じて、「政府は軍の傀儡《かいらい》に過ぎないと考えていた」と、語っている。さらに戦争中の生活についても、このインタビューの中で次のように語っている。

「生活が厳しさを増す一方で、農民や、一般の会社員の子弟が次々と、兵隊にとられてしまう。生活必需品はすべて配給になっていく。しかも統制がうまくゆかずに、野菜の配給は一カ月に一回か二回ということになる。生徒たちの家庭の食料不足が深刻になっていく。あらゆる物資が欠乏していく。国民はそれだけ生活苦にあえいでいるというのに、政府は国債を買えと強要する。一月に百円しか収入のない家庭にまで、三十円、四十円の国債を買えと迫り、隣組に割り当てをして、連帯責任の形で無理やり買わせるのだ。それを買わないと非国民ということになる。どうしても買えなかった人は、隣組から村八分にされて、生活そのものが成り立たなくなってしまう。

その一方で、軍部や官僚、財閥は生活に困っていない。むしろ以前より、贅沢な生活をしているように見える。結局彼らは、自分たちさえ良ければ、それで良かったのだ」

造六は、そんな社会に不満をつのらせていた。

しかし、少しでも戦争に反対しているという意見が外部に洩れれば、校長といえども憲兵に直ちに拘束されかねない時勢である。造六にできることは、生徒たちの身を案じ、校長の権限の範囲内で、生徒と学校を守ろうとすることだけだった。

一方で宮川は、時代の雰囲気に染まって軍人に憧れ、将来は海軍兵学校に行こうか、それとも陸軍士官学校にしようかと思っていた。しかし、父の顔色をうかがって、その希望を口に出して言うことはできなかった。造六も、家族に対しては軍部批判を洩らすが、それ以上の胸のうちは明かさなかった。

造六は、なぜ軍国主義に批判的な考えを抱くようになったのだろうか。造六が断片的に書き残したものなどから、宮川は次のように考えている。

昭和初期に青春時代を送った造六の思想を形づくる支えとなったのが、その頃のベストセラー『貧乏物語』や、マルクス主義を解説した『資本論入門』で知った、河上肇博士の教えだった。造六が大学を受験する際に、京都帝大経済学部を選んだ理由のひとつは、教鞭をとる河上博士の講義を受けたいという目的があったからでもある。

造六は、河上博士から、世の中には共産主義や社会主義など、歴史に裏打ちされた多くの思想や社会運動があることを学び、目を開かれた思いがした。同時に、軍国主義を背景にした日本の植民地経営にも不信感を募らせた。こうして造六は、軍部に対する反発を強めていったというのである。だからといって共産党に入党したり、反戦活動をしたりしたわけでもなかった。弟三人の面倒を見るなかで培われ、さらに実業界を目指していた造六の、現実的な感覚でもあった。

東京帝国大学で美術史を専攻した造六の末の弟の義三郎は、学生時代に共産党に入党した。しかし造六は、特に反対もしなかったという。やがて大学を卒業した義三郎だが、不況に加えて戦前の厳しい世相の中で、美術史の専攻で、しかも対外的には隠していたにしても、共産主義思想の持ち主となると、就職の道などほとんどないのが実情だった。造六は、そんな義三郎に、広島県の田舎町の女学校で、国語の教師の仕事を世話した。教師となっても義三郎の思想は、学生時代と変わらなかったが、造六は「生活ができればそれでいい」と言って、弟の生き方や考え方には干渉しなかったという。

しかし、国家が戦争遂行のために国民生活に深く関わるようになると、人々の様々な生き方を認めるという造六の考え方は通用しなくなってきた。国民は戦争に対する全面的な協力を求められた。造六は校長として生徒たちを、戦争遂行に向けて駆り立てねばならなくなったのである。

戦争が激しさを増す中で、生徒たちも学校で勉強する余裕などなくなり、工場へ動員されていった。そこで造六は、市女の校風を守ると同時に、生徒たちが勤労動員でつらい目にあわないようにと、できるだけの努力をした。そのひとつとして造六は、市女の生徒を、男子の工員や動員学徒と交じらない職場に行かせたいと考えた。男性と一緒の職場は労働条件が厳しいということもある。男子工員との間で、男女問題がおきて欲しくないという配慮もある。そこで造六が取り組んだのは、学校をそのまま工場にするという案だった。

広島陸軍被服支廠にかけあい、一九四四年（昭和十九年）六月には学校を下請け工場にしてもらって、生徒たちに軍服を作らせた。

実はこの学校工場、ほとんど県女に決まりかけていた。それをひっくり返すため、造六は父母に、ミシンを供出するよう呼びかけた。被服廠としてもミシン不足に困っていたところである。学校がミシンを提供すると聞いて喜び、計画を急に変更して学校工場を市女としたのだ。県女にとってみれば、市女のエゴイズムだ。しかし、自分の学校の生徒たちを守りたいと願った造六の気持ちは、よくわかる。

だがこの取り組みも、長くは続かなかった。半年ほどたった翌一九四五年（昭和二十年）三月には、陸軍から学校工場の閉鎖を命じられた。今は軍服など作っている時代ではないというのである。

結局、市女の三年生と四年生の上級生たちは、広島市西蟹屋町の日本製鋼広島工場に通年動員、つまり年間を通じて工場に働きに出ることになり、ひたすら機銃用の弾丸の製造に明け暮れることになった。一方、一年生と二年生の下級生たちは勤労奉仕に出かけたり、防空訓練をしたり、さらには防空壕を掘ったりした。

七月には、戦時教育令にもとづいて、市女にも学徒隊が結成された。宮川校長を隊長に、全校生徒が大隊、中隊、そして小隊と、軍隊と同じように組織され、高学年の生徒は引き続き軍需工場に、そして低学年の生徒は建物疎開の作業に駆り出されることになったのである。

戦争末期になると、全国の都市が、焼夷弾攻撃を受けるようになっていた。建物疎開とは、焼夷弾攻撃を受けても重要な工場などに火災が燃え広がらないよう、街の中心部に大きな空き地や防火帯を作ることである。政府は一九四四年（昭和十九年）十一月に指令を出し、建物疎開を始めさせたのである。

このうち広島県と広島市がたてた計画で、広島市内で建物疎開の対象に選ばれたのは、県庁付近、土橋付近、雑魚場町付近、それに鶴見橋付近の主な四カ所に加え、八丁堀付近と電信隊付近をあわせた六カ所だった。

一九四五年（昭和二十年）七月までに第五次の建物疎開を終え、七月末から第六次の建物疎開の作業が始まった。市街地を南北に分ける、幅百メートルの防火帯を作るため、その地域のすべての家屋を撤去するという大がかりなもので、広島の建物疎開で最大の規模である。今、広島市内の中心部を東西方向に、道幅の広い通りが走っている。その名も「平和大通り」である。この並木道が、第二次大戦末期に建物疎開の結果作られた、防火帯の跡なのだ。

第六次の建物疎開には、広島市内の地区特設警備隊が三隊、防衛召集の名目で作業に従事し、さらに県内の地区特設警備隊も出動した。特設警備隊とは、すでに兵役を終え除隊になった年配の人たちを組織し、本土決戦に備えて配置した部隊である。特設警備隊から漏れた人たちも、国民義勇隊という名目で、市内はもとより、郡部、職域から集められた。一般の家庭からも、病気などの場合を除き、原則として一軒から一人が作業に動員された。

学校関係では、各校の校長に建物疎開の内容が伝達され、通年の勤労動員に駆り出されていなかった国民学校高等科、今の小学校高学年の児童や、中学校、女学校の一、二年生も、建物疎開への出動を命じられた。八月六日には広島市内の疎開作業場で、五、六万人が作業にあたっていたと推定されている。

作業は、家屋の取り壊しである。地区特設警備隊の人たちが、家の柱に鋸で切れ目を入れたあと、柱に太い麻縄をかけると、市内や郡部から動員された国民義勇隊の人たちといっしょになって、「エンヤ、エンヤ」と声をかけながら家屋を引き倒す。もうもうたる砂塵がおさまると、義勇隊の老人や婦人、市女など学徒隊の少年少女たちが、虫の死骸に集まる蟻さながらに突進し、瓦や木材など、まだ使える材料をそれぞれ分別して集めるのだ。それを土建会社が、トラックや馬車を使って引き取るのである。

さらに疎開作業の現場には、動員された人たち以外にも、老人や女性、子どもたちが、大八車や自転車、乳母車など、ありとあらゆる車を持って来ていた。薪の代用として木材を取りに来るのである。何しろ、薪の配給が止まったままになっているのだから、みな必死だった。

それでも薪にさえ使えない小さな材木や、壁土の中に埋め込まれている竹組などは、山と積んで、火を着けて燃やした。こうして疎開作業のいたるところで、廃材やぼろくずの山が燃やされた。真夏の太陽が照りつける下で、作業にあたる人たちはみな、汗まみれになって働いていたのである。

建物疎開は、当初は広島県土木部都市計画課が担当して、土木業者に請け負わせて実施していた。しかしそれではまどろっこしいと、広島地区司令部工兵隊長が疎開作業の主導権を握り、軍命令という形で大規模に実施されるようになった。

造六は、その頃、市民を対象に政府がとった措置についても批判的だったという。建物疎開は、国民の労力を使い、物資を消耗するだけで、大した効果は望めないと思っていたと、のちに宮川に語っている。女性や年配の男性を集め、造六も参加して行なわれた竹槍の訓練については滑稽だとさえ思ったと、話したという。しかし軍の命令となると、一介の校長ではどうしようもない。こうして十三歳から十四歳のまだ幼い市女の少女たちが、建物疎開の作業に駆り出されることになったのである。

第四章　「あの日」のこと

一九四五年（昭和二十年）八月六日。造六はその日のことを、市女の遺族会がまとめた追悼誌『流燈』に記している。宮川の記憶などをあわせると、おおよそ次のようなことになる。

造六は六日の朝早く自宅を出て、白神社《しらかみしゃ》前の電停で電車を降り、西福院の跡地まで出かけた。残されていた土塀の南側に一年生と二年生、それに職員のあわせておよそ五百数十人が集まり、午前七時すぎから、今の平和公園の南の端あたりで建物疎開の作業に取りかかった。身体の具合が悪いという生徒は、水筒や弁当など、他の生徒の持ち物の見張りである。作業はおよそ四時間行い、午前十一時には解散の予定である。造六も、しばらく生徒たちと一緒に、作業に取り組んだ。

その日は、山口県から転任して来る教諭の人事について打ち合わせるため、造六は県の学務課に出向くことになっていた。造六は、一緒にいた繁森教頭にそのことを告げて、現場を離れることにした。午前七時五十分頃のことである。市の中心部にあった県の学務課は、その頃、広島駅の北側の盲学校に場所を移していた。

現在の平和大橋の少し北側に、新橋という名前の木造の橋が架かっていた。造六は新橋を渡り、再び白神社前の電停に向かった。

「校長先生、さようなら。校長先生、さようなら」

橋を渡る時、重松教諭のクラスの生徒たちが笑顔で手を振って、愛敬をふりまいてくれた。造六もこれにこたえて「さようなら」と手を振った。まさか、これが本当の別れになろうとは、その時は思いもしなかったのである。

橋の上では、やはり疎開作業に向かっていた市立商業の箱田教頭に出会った。

「私は少し遅れました」

箱田はそう挨拶しながら、造六とすれ違った。箱田教頭とも、これが永遠の別れとなった。

白神社前の電停に着くと、ちょうどやってきた広島駅行きの電車に飛び乗った。十分ほどして広島駅前で下車した。電車の線路に沿って、愛宕の大踏み切りに向かう猿候橋《えんこうばし》通りへと歩道を歩き始めた、その瞬間だった。

造六は、電車の架線ぐらいの高さのところに、とてつもなく大きな光を見た。巨大な電灯がきらめいたようだった。上空五百八十メートルで原爆が炸裂したのである。それと同時に目がくらんだ。次の瞬間、朦朧とした頭で覚えているのは、家の下敷きになっている自分である。もといた場所からどのようにして吹き飛ばされ、どうして家の下敷きになったのか、まったくわからない。女の人らしい声で「助けて」と誰かが叫んでいる。しかし、家の柱や瓦の下敷きになった造六は、身動きもできない。

「自分はもう駄目だ」

造六は観念した。

「かわいそうなのは、まだ幼い下の娘の、和子のことだ」

そんな思いが頭をよぎった。和子は広島に来てから生まれた次女で、讃岐の兄の家に疎開させていた。

「自分が死ねば、実の父母が共に亡くなって、孤児となる。かわいそうなことになった」

造六の妻の満子は、長女の皓江の死を、自分の落ち度だと思い、ずっと悔やんでいた。もともと身体が丈夫なたちではなく、広島での様々な出来事で肉体的にも精神的にも参っていた満子だったが、皓江の分まで生きてほしいと願い、無理をして次女の和子を産んだのだ。

その影響もあってか、満子はさらに身体を弱らせ、とうとう肺結核を患って、前の年に亡くなったのだ。三十六歳の短い生涯だった。そんな妻が、自らの生命を賭けて産んだ娘のことが、造六にはいとおしく、とっさに脳裏に浮かんだのだった。

次に覚えているのは、地面で膝を組んでいる自分の姿である。身体を押さえつけていたものがなくなっていた。倒れた家の下から自力で這い出したのか、それとも誰かに助けられたのかどうかもわからない。道端に座り、電線の切れはしが身体に触れて煩わしく、手で払いのけた。

まわりを見ると、あたりの家は倒れ、煙が地を這い、太陽は煙と埃に覆われ、まるで月夜のよ

大正橋北側付近から広島駅方面を望む廃墟。造六が被爆した付近
〈中田佐都男氏撮影、広島平和記念資料館提供〉

うだった。その下で多くの人々が倒れ、犬が死んでいた。

「自分はたぶん、広島駅前の道路にいたはずだ」

ようやく立ち上がると、夢遊病者のように、ふらふらと歩きだした。しかし不思議なことに身体は、これまで通った道を覚えていた。煉瓦塀が見える。「あっ」と気がついた。西蟹屋町の日本製鋼の工場である。市女の上級生が動員されている工場なのだ。造六も、工場の寄宿舎に泊り込み、生徒たちと一緒に働くことも再三だった。工場の塀の壊れた部分から、敷地の中に入っていった。

そこには無事だった工員がいた。市女の校長とわかると、真っ黒になった造六の頭や首を水で洗い流し、油薬を首や手に塗ってくれた。この日は電休日、つまり電気が送られない日で作業は休みとなり、生徒たちは工場にいなかった。造六は気力を振り絞り、工場をあとにした。

大正橋をわたって、電車道の曲がり角に出た。そこは、避難する人たちで大変な混雑だった。見ると、男の人も、女の人も、ほとんどが真っ裸や半裸体で、血が流れ、肉が垂れ下っている。とても人間の姿とは思えなかった。

泣き叫ぶ幼児の背中に、母親らしい女性がおしっこをかけていた。火傷で苦しむ子どもの痛みを癒そうとしたのだろう。そんな惨状を目のあたりにして、造六は気分が悪くなり、倒れそうになった。

「先生、大丈夫ですか」

その時、市女の生徒の母親で、造六を知っていた森原という女性が、心配そうに声をかけてくれた。造六は、右の顔面と手の甲にかなりひどい火傷を負っていたのだ。森原は、持っていた薬で傷を消毒し、包帯を巻きつけてくれた。その包帯はかなり汚れていた。

疎開作業にあたっている生徒たちのことが気になるが、その方向は一面火の海で、進むことができない。造六は激しい痛みに耐えながら、比治山の裏側の段原町を抜けて、とりあえず自宅に向かった。

一方、宮川はその時十五歳。広島高等師範学校附属中学校の四年生だった。しかしその前の年から、自宅近くの広島陸軍被服支廠に動員され、学校に出ることもなく、一年中工場で働かされていた。弟は広島県内の田舎に、妹は香川県の造六の実家に疎開していた。妻を亡くした造六は、紹介を受けて広島出身の谷井トモエと再婚し、広島の自宅で暮らしていたのは、造六とトモエ、それに宮川の三人だった。

八月六日の朝、造六が家を出たあと、自宅にいたのは宮川と義母のトモエの二人だけだった。宮川は顔に湿疹が出来て痒くてたまらず、仕事を休んで自宅にいたのだ。仕事をさぼりたかったわけではない。将来は陸軍か、海軍の学校に進み、軍人になって戦争に行くのだと思っていた宮川少年である。しかし痒さはどうにもたまらなかった。午前八時すぎ、朝食を済ませて上半身裸になり、廊下に籐椅子を持ち出して本を読んでいると、Ｂ29の爆音が聞こえる。

「きょうはえらい大きく聞こえる。低空だなあ」

宮川は下駄をつっかけて庭に出てみた。

広島では、一九四四年（昭和十九年）にはアメリカ軍の飛行機がたびたび来襲し、機銃掃射を繰り返した。しかし一九四五年に入ると、四月三十日に爆撃機一機が空襲し、十人の死者が出たものの、組織だった攻撃はなかったのである。アメリカ軍機が上空を編隊飛行するたびに、警戒警報や空襲警報が出されるのだが、なぜか、爆弾は投下されなかった。市民は度重なる空襲警報に辟易し、広島を通り過ぎて行くだけのＢ29に、一種の気安ささえ覚えていたのだ。

ある時、竹の筒を縄でつづって身体に巻きつけるようにした、即席の救命具が各家庭に配られたことがあった。

「こんなものが配給になったところをみると、アメリカ軍は広島の上流のダムを爆撃して洪水を起こそうとしているのではないか。軍がそれを察知して救命具を配ったのだ」

そんな根も葉もない噂も流れたりした。

「広島は気候がいいし、食物がおいしい。だからアメリカ軍は広島を残しておいて、上陸したら広島に住むつもりではないか」

人々はそう噂した。ひょっとしたら広島は爆撃されずに済むかもしれない、そんな楽観的な気持ちが、宮川の心にも確かにあったのだ。

空は晴れて、薄い雲がまだらに流れていた。この音は確かにB29に違いないと思いながら、飛行機はどこだろうと探してみた。なかなか見つからず、太陽のまぶしさにくしゃみが出そうになり、庭の東側にあったコンクリートの塀の蔭に入ろうと、少し横に動いたその時だった。あたり一面がまばゆく光り輝いた。

宮川は、後になってまとめた『原爆体験記』で、その時の様子をこう記している。

「私を包んでいた大気が、瞬間に火花を発したように黄赤色に染まった。橙色と言った方があたっているかもしれない。それと同時に私は、私の斜め後方の中空に、ちょうど太陽ほどの大きさで血色に輝いた火の玉を認めた。左横顔と背中を鋭い熱感が走った。パーンという打ち上げ花火に似た爆裂音を耳にしたようにも思う。私はその時上半身裸だった。今考えても、よくあの程度

一面の廃墟。爆心地から南東を望む。左の上部に元安川の川面が見える。市女の生徒がこの付近で作業をしていた〈1945年10月上旬、米国調査団撮影、広島平和記念資料館提供〉

の傷で助かったとつくづく思う」

塀の根元に倒れこんだ宮川の背中に、屋根の瓦や壁土のかけらなどがたくさん落ちてきた。あたりは真っ暗になり、何がおこったのかまったく理解できなかった。しばらくうつぶせていると、顔の横が明るくなってきた。その時になってようやく、「助かった、まだ命があった」と思ったのだった。

起きあがって家の方をみると、ガラス戸や襖、壁もほとんど飛んで屋根も穴だらけ。大地震で激しく揺さ振られたか、台風で吹き飛ばされたかのようだった。わずかに棟の太い柱だけが残っているというありさまだった。

家の外から、宮川を懸命に呼ぶ声が聞こえた。がらくたとなった家の破片を乗り越えて宮川が表に出てみると、義母のトモエが家の前の畑の柵にしがみついて、ブルブル震えていた。

彼女は肋膜炎を患って家の中で寝ていたのだが、たまたま起きて用を足し、廊下に出ようとした瞬間、原爆が炸裂した。トモエは、家の中に吹き込んできた猛烈な爆風に押されるように廊下を走り抜けて、玄関から外に飛び出したのだ。家の中で壁土や柱の破片が落ちてきたのを払いのけながら逃げたというトモエは、ほこりや泥で真っ黒だったが、奇跡的にケガはなかった。

そのうちに警防団、今で言う消防団のような自警組織の人たちが助けに来てくれるだろうと、親子はいったん家の中に戻った。倒れたタンスの中から着られる物を引っ張り出して、母と子は身繕いした。トモエは薬箱を見つけると、下剤として飲んでいたひまし油を、宮川の赤く腫れた顔や背中に塗ってくれた。

宮川の家は、爆心地からおよそ二・三キロ離れていた。しかしその時は、原爆のことなど知ろうはずもない。

「B29が投下した爆弾の一発が、家のすぐ近くに落ちたに違いない」

その時はそう思ったものの、爆弾の爆発した穴もなければ火事にもなっていない。宮川は非常に奇妙な感じを抱いた。しかし時間がたつ内に、どうやら途方もない被害が出ているらしいということが、徐々にわかってきた。

壊れた家の中に入り、これからどうしようかと落胆していると、たくさんの黒っぽい人影が何十人とやって来るのが見えた。一体何だろうと、宮川は庭に下り、生け垣をかき分けて道の方を覗いて見た。

宮川の家は、市の中心部へ通じる幅十メートルほどの道に面していた。だんだん近づいて来る彼らは、着物を着ていない。靴もはいていない。丸裸だった。身体は、顔から胸から足の先まで焼け焦げた姿で、男女の見分けもつかないほどなのだ。

彼らはみな、手を前に出して、お化けのような格好でよろよろしながら歩いてやって来る。手や腕、顎の先からは焼けた皮膚が垂れ下り、とても人間の姿とは思えなかった。何かの動物が逃げ出して来たのか、いや、南洋の黒い肌の人たちがたまたま広島に来たのか――そんな荒唐無稽な思いが、一瞬宮川の頭に浮かんだ。しかしよくよく見ると同じ日本人だ。大ケガをした人たちが手を前に出して何十人、何百人と歩いて来る。みんな、声も出していなかったし、泣いてもいなかった。無言で歩いていた。後で聞くと、全身に火傷を負った人にはその姿勢が一番楽だったのだという。

原爆の威力は、爆風と熱線、それに放射線の三つに分けられる。この内、熱線は、酸化反応による普通の炎の熱ではなく、主に赤外線を中心とした電磁波によるものである。油やガスで焼く場合と違って、電子レンジでも使われる電磁波は、表面を焦がさずに内部から熱を出す。人体の皮膚を通りこして内部の肉を焼かれた人たちは、体液が皮膚と筋肉の間に溢れ出した。手を下にしたままだと、体液が手先にたまって痛くてたまらない。そこで大火傷を負ったものの、まだ皮膚の残っている人たちは手を前に出して、体液が手先にたまるのを防いでいたのである。

さらに、熱線で高温となった木造の家屋や樹木に火が着き、広島を火の海と変えた。傷ついて苦しみながら逃げ遅れ、火災で命を落とした被爆者も多かった。

彼らを見る内、宮川は恐怖で震えた。助けようとか、水をあげようとか、薬をつけてあげようとか、そんな気持ちにはならなかった。相手に見つけられると自分が攻撃されるんじゃないかという気持ちにおそわれた。物陰に身を潜め、じっと彼らを見ることしかできなかったのである。

やがて造六が、自宅にたどり着いた。爆発からどれほど時間がたっていたのか、造六は書き残していない。気が動転していた宮川も、はっきりとは覚えていないが、宮川家は、路面電車で広島駅前から六つ目の電停を降りた近くにある。普通に歩いて三十分足らずの距離である。造六はケガを負ったこともあり、一時間ほどして帰ってきたと、宮川は思っている。いずれにせよ、原爆投下から、それほど時間のたっていない頃である。

「広島駅でやられた」

造六は宮川に告げた。それではじめて宮川は、被害を受けたのは、我が家の周辺だけではないということを知った。

「ガスタンクが爆発するぞ。退避！　退避！」

兵士が叫びながら走って行く。家の近くにはガス会社がある。これは危ない。特にトモエは、歩くのも辛いような様子だったが、古びた乳母車につかまらせ、宮川が助けながら、なんとか造六と三人で、避難民の中に入って東の方角へ逃げ出した。

宮川たち親子は、家の近くの五叉路の交差点から南へ下り、被服支廠へ行こうとした。宮川が動員されていた工場である。しかしその道の角には軍刀を抜いた軍人がいた。

「こっちは駄目だ。来るな！」

刀を振り回して叫んでいる。

仕方なく、東の方へ向かった。すると、その途中で、人々が立ち止まり、空を指差して、「見ろ！　見ろ！」と叫んでいる。

振り向くと、そこに、巨大な雲のかたまりが立ち上っていた。真っ白な入道雲のような水蒸気が渦を巻き、生き物のように動いては、どんどん成長していく。その表面には透明な炎が燃えているようだった。燃えるとすっと消え、しばらくするとまた色の異なった炎が、雲の表面を走るように見えた。原子雲だった。ただし、宮川たちが見たのは、上空からの撮影で私たちが知っている、きのこの形をした原子雲ではなく、空の半分を覆うくらいの、真っ白な水蒸気のかたまりだった。

原爆の投下直後、市内は猛烈な爆風による土ぼこりと、火災による煙に覆われた。そのため視界がきかず、ほこりと煙が鎮まってきてから、市内にいた人々は、きのこ雲の崩れた、巨大な原

原子雲。爆発後20分前後に爆心地から約2.6キロ離れた霞町の広島陸軍兵器補給廠より望む。宮川が原子雲を目撃したのもこの付近。〈深田敏夫氏撮影、広島平和記念資料館提供〉

子雲をようやく目にしたのだ。

「この雲には毒がある」

宮川は子ども心にそう思った。この雲が空一面に広がって地上まで降りて来たら、人類は全滅するだろう。そんな恐怖を感じた。

原爆による被爆は、爆発の直後にだけ起きるわけではない。土地が残留放射能で汚染される。さらに原子雲に含まれた放射性物質が上空で拡散し、いわゆる「黒い雨」を降らせて、汚染は拡大する。そうした汚染地区で、呼吸や食事から放射性物質を体内に摂取することでも被爆する。宮川が感じた恐怖は現実のものだった。原子力発電所で事故が起きる度に我々が感じている不安を、宮川は全身で予感していたのだ。

やがて親子三人は、近くの比治山の麓にあった防空壕のひとつに逃げ込んだ。トラックが入れるほど大きな、軍隊の作った防空壕だった。防空壕の先客の中には二人の年配の女性がいた。一人は顔の皮膚がとれて赤むけになった肌から血が絶え間なく吹き出し、拭っても拭っても止まらない。もう一人は逆に血が一滴も出てはいなかったが、とれた皮膚の下から体液が溢れて真っ黄色な顔になっている。宮川の目には、まるで赤鬼と黄鬼のように映った。

電信部隊の兵士たち十人くらいが逃げ込んで来た。彼らは営庭で、体操をしていたのだろう。上半身裸で被爆したのだ。小指の先ほどの大きさに砕けて飛んで来た兵舎の窓ガラスを、全身に浴びている。ガラスがめり込んだ皮膚から血が出て、ちょうど血の色をした網タイツを、身体中に着ているようだった。しかし彼らは痛いとも、何とも言わなかった。みんな黙って放心したように座っていた。

小学校の校舎が倒れ、その下敷きになったという小学生が一人、担架に乗せて運び込まれて来た。その子は、そのまま冷たくなっていった。

地獄のような防空壕にいながら、宮川は、まわりにいた人に声をかけなかった。声をかけられても、一切話をしなかった。

「彼らと関わりになったら大変だ」

防空壕の中で、宮川はそう思った。父は火傷がひどく、母は病気である。家に連れていって下さいとか、家族に連絡して下さいとか頼まれたら困ってしまう。とにかく家族を守らねばならない。宮川は、そんな気持ちで必死だった。

電信隊の当番兵が、バケツにきれいな水を入れて持って来た。最初に部隊の兵士が飲み、それから一般の人たちが柄杓ですくって少しずつ飲んだ。

「兵隊さん、水を下さい、兵隊さん、水を下さい」

血だらけの女性が身体を起こしてそう言いながら、バケツの方ににじり寄って来た。

「火傷のひどい人は水を飲むと死ぬから、飲んだら駄目だ」

そばにいた当番兵がそう言った。それでもその女性が近づくと「駄目だ、駄目だ」といってバケツをどけ、最後にはバケツを兵営に持っていってしまった。そんな様子を見ながら宮川は黙り込み、とにかく何の関係も持たないよう、見て見ぬ振りをしていた。彼女は結局水を与えられぬまま、地面に突っ伏してしまった。

血だらけの女性が水を欲しがったのは、身体を電磁波で焼かれたために体液が身体から出てしまい、脱水症状を起こしたからである。その一方、「火傷のひどい人が水を飲むと死ぬ」のはなぜか。それは、原爆で大量の放射線を浴びたため、消化器などの内臓もふくめて身体を内部から破壊されていたからである。つまり爆心地近くで被爆し重傷を負った人たちは、喉の渇きに耐えかねて水を飲むと、水分を吸収できないまま逆に身体を一層壊す結果となり、死期を早めてしまうのである。だからといって、水を飲まなければ助かるということでもない。被爆して傷ついた人たちに、なすすべはなかったのである。

やがて、防空壕から見える炎の勢いが、多少弱まったように思えた。宮川は様子を見るため、防空壕を出た。あたりは避難して来た人たちでいっぱいだった。ちょっとした茂みや草むらには、ケガをした人たちが地面にうずくまっている。まるで難破船にむらがる、溺れかけた乗客のようだった。

古びた大八車に、焼け焦げた毛布が掛けてある。その脇で年配の女性が叫んでいる。けさ出産した母親と赤ちゃんが、乗せられていたのだ。脇の女性は産婆だった。

「火傷を負った二人を助けて」

そう叫んでいた産婆も、火傷して血だらけだ。しかしまわりの誰も、彼女らを助ける手だてがない。「お産の時に爆撃を受けるなんて、何と運の悪い人だろう」と思ったものの、どうすることもできない。そのまま山の方へ向かった。

ようやく見晴らしの良い所へ出た。そこではじめて、被害の全貌が見えた。街の中心部は、今も炎々たる焔《ほのお》をあげて燃え盛っている。ようやく見分けがつくのは、広島文理科大学や赤十字病院、貯金局など、大きな鉄筋コンクリートの建物くらいである。広島の街全体が破壊されている。きのこ雲が崩れて一面に広がった雲の中に、火事の真っ黒な煙が立ち上っていた。樹木の焼け焦げた幹が、火に焼かれた苦痛で人が狂う姿のように見えた。

山を降りて防空壕に入ると、先に中にいた、やけどを負った人たちから嫌な匂いがした。製鉄所で感じるような、金属が焼け焦げたようなにおいだった。それが被爆によって肉体を焼かれたにおいだった

ガスタンクの爆発もないことがわかり、日が暮れた頃、焼け残った自宅に、親子三人で戻った。その頃になると、宮川の火傷は大きくふくれて皮膚が破れ、激しい痛みが身体中を突き刺した。背中はお碗でも伏せたような火ぶくれで、手をまわしてみるとゴム風船のようにぶよぶよした感じだった。横顔は火ぶくれが破れて体液がにじみだし、頭髪と眉毛は熱線で縮れてしまっていた。

原爆は広島の中心部を徹底的に破壊した。広島に投下された原爆一発の破壊力は、高性能の通常爆弾を満載したＢ29三千機が、一斉に一カ所を攻撃した場合に匹敵するとされている。その頃、

世界最大の爆撃機がB29で、当時の総数は約一千機だったと言われている。原爆の威力は、それまでの戦力と比べて桁外れに巨大なものだったことがわかる。

だが宮川は、アメリカ軍が原爆を投下した方法にも、兵器を使用する側の残酷な意志を感じた。一つは午前八時十五分という、原爆が投下された時間である。出勤で人々が建物の外に出る時間帯を狙ったのだと宮川は考えている。実際、市女の生徒たちは、日中の暑さを避けて、疎開作業に励んでいた最中だったのだ。

原爆を地上で爆発させるのでなく、五百八十メートルの上空で爆発させたのは、被害の範囲を広げて、一人でも多くの人を殺傷するためだと、宮川は考えている。

原爆を投下するまで、広島の上空にB29は何回も飛来したが、ほとんど爆弾を投下しなかった。原爆の効果を測るため、街を破壊しなかったのである。

宮川はそれだけではなく、広島の人間を油断させる目的があったのだと思っている。全国の主だった都市を襲った焼夷弾攻撃は、ほとんどが夜間だったから、昼間の爆撃機は大丈夫だという気持ちが、広島の人たちの頭の隅にあった。だから、原爆を投下したエノラ・ゲイ号が飛んで来た時、宮川は防空壕に退避せず、逆に庭に見物に出たほどだった。これがヒロシマの犠牲者を増やした原因のひとつであると宮川は思っている。

さらにB29の編隊は、原爆を投下する直前に、パラシュートを投下した。そこには原爆の熱線や爆風、放射能の強さを調べるための計機が搭載されていた。パラシュートは四つ落とされ、その内の三つが傘を開いた。

疎開作業にあたっていた市女の生徒に、次のような証言がある。

「一時間ほど作業して休憩となり、誓願寺の表門の脇に腰をおろして友達三人と休んでいると、落下傘が三つ落ちてきた。『きれい、きれい』とみんなが騒ぐので、自分も見ようと一歩前に出て上を向いた瞬間、ピカリと光った。目を押さえ、耳に親指を入れて伏せたら、寺の門が倒れ、腰から下が下敷きになってしまった。かぶっていた麦藁帽子は、火が着いて焼けてしまった」

この生徒は被爆から一週間後、母親に看取られて亡くなった。

疎開作業に従事していた人たちはパラシュートを見て、「パイロットが飛び降りたのかなあ」とか、「宣伝ビラをまいたのかなあ」と話し、作業の手を休めて空を見上げたのである。

パラシュートの投下は、原爆の効果を観測する目的があった。しかし宮川は、そこにもうひとつの目的があったのだと考えている。それは、市民を街頭におびき出し、爆弾の方向を向かせるためである。だから、身体の正面で熱線を浴びた人が多かったのではないか。

原爆投下は敵に打撃を与えるためである。さらに核兵器の破壊力を試し、さらに放射線の影響を調べるための人体実験の側面もあった。

だが宮川は、それだけでなく、原爆を投下した人々の「悪意」を感じた。単に被害者を増やすだけでなく、一人一人に徹底的な打撃を与えようとしていたと、宮川は思うのだ。

きのこ雲には放射能という毒がある。しかし原子雲を見た時、直観的に感じた「毒」には悪意という別の意味もあった。それは、まだ少年だった宮川に、深い心の傷を残すことになった。重傷を負った人たちを目の前にしながら、助けることもできず、同じ人間としていたわり合うことさえ許されなかった。人間と人間との最後の絆さえ破壊するもの、それが最終兵器である核兵器なのだ。

翌七日、造六は頭を包帯でしばり、火傷の痛みをこらえながら、折れた旗竿を杖の替わりについて、朝早く自宅を出た。

比治山橋を渡ったところで、一頭の馬が死んでいた。道の両側は、今なお残り火が燃え、火が消えたところでも余熱で熱くてたまらない。日赤病院の近くまで来ると、病院に入りきれないおぜいの負傷者が、病院の前の電車道で、まんじりともせずに横たわっている。住吉橋、明治橋の橋桁には、たくさんの人がうず高く折り重なって死んでいた。

住吉橋をわたって舟入町に入ると、かろうじて市女の本館と講堂が、崩れずに建っているのが見えた。しかし、北側の校舎は倒壊し、柱も瓦も折れ重なって無残な、まさに廃墟である。そんな市女の様子を見た瞬間、涙がとめどなく溢れだし、造六の頬を伝った。

ようやく学校にたどり着き、生き残っていた生徒の父母や職員から防空壕の中で、話を聞いた。多くの若い命が失われたことが告げられた。無残さ、哀れさに、造六は校長として申し訳ない気持ちでいっぱいになり、生きた心地がしなかった。

西福院の反対側にある、寺院の門の前に、大きなコンクリート製の水槽がある。そこで、国語担当の森政夫教諭は亡くなっていた。水槽の下に、五人の生徒を隠れさせ、その上に覆いかぶさっていたのだ。森は身を挺して、生徒たちを守ろうとしたのである。森の全身は焼け焦げ、顔は苦しげに口を開け、舌の先をのぞかせていたという。水槽で亡くなっていた五人の生徒の内、名前のわかったのは二人だけだった。

生き残った市女の職員は、献身的に働いた。生徒たちが疎開作業をしていた現場に出かけては、生徒らしい遺体を探した。しかしほとんどの遺体は、身元がわからないほど焼き尽くされていた。

現場には表札を立てて、行方不明の生徒の安否を尋ねた。避難者の収容所を訪ね歩いては、生き残った生徒たちを探したりもしたのである。

生き残った学校の先生や父母は現場に行き、身体の小さな女の子らしい遺体があると、そばにいる兵士にその遺体を焼いてもらうように頼む。その遺骨を箱につめて学校へ持って帰った。

「誰の骨かわからないが、お嬢さんの骨と思って下さい」

そう言って遺骨を犠牲者の父母に渡した。

親たちはその遺骨を埋葬した。しかし中には、誰のものかわからない骨は嫌だと言って、焼け跡で拾った石を墓に入れた親もいた。

遺族の手記によると、現場で見つかった遺体の内、家族の手によって葬られたのは、教職員では森一人、生徒では、ほんの少し焼け残っていた履物の模様で、我が子と判明したという場合も含めて、わずか十一人だけだった。手記を書かなかった遺族によって確認された遺体を含めても、我が子と確認された遺体は二十人程度ではないかと、遺族会では推定している。

生徒の一人の森本行恵は、似島収容所で手当てを受けたが、一週間後に亡くなった。生前、母親に語った話によると、生徒たちは原爆で即死したものが多かったという。生き残った生徒たちは、県庁橋に向かって逃げたが、燃え盛る木挽町の火の中を歩く内に力尽き、五人、六人と倒れていった。生徒たちはみな、倒れる時、「天皇陛下万歳」と叫んで死んでいったという。

学校がまとめた『経過日誌』には、学校用の便箋に鉛筆書きで、その日の出来事が次のように記録されている。

「人類殺傷ノ概略

強烈ナル光線ニテ露出皮膚ハ総ベテ大火傷、着衣モ又焼ケボロボロトナル　次ノ瞬間ノ爆風ニヨリ衣類総ベテ吹飛ビ丸裸トナル　学徒ノ多クハ（中略）ズロースサエナク一糸マトハザル者殆ドノ如シ」

「学徒退避状況及其ノ経過

多クハ現場ニ失明状態ニテ昏倒　或ハ家屋下ニ至リ下敷、乃至ハ新橋、新大橋ニ向ヒ　水ヲ求メテ移動、河中ニ飛ビ込ム　壕ニ入レル者又多ク、水槽ニ入レル者少ナカラズ　河川ニ遡航セル六一四〇部隊発動機船ニ収容、似島ニ搬送サレシ者モ少数算セラル　但シ　生存者

ハ、三、四名ニ止マリ　附添教員ノ消息不明、森教師ト話セル父兄モ有リタレドモ　之又死亡確認サル

爆弾炸裂後ハ　引続キ全市ニ亘リ　火災起リ火ノ海ト化ス　夕方ニ至レルモ　火焔熱風ニテ近着ケザル状態ナリ　一、二父兄ノ語ルトコロニヨレバ　六日夕ニハ　未ダ救護ヲ　求ムル声　各処ニ有リシトカ」

被爆当時、広島市立第一高等女学校の生徒は千四百二十六人、教職員は四十三人だった。その内、疎開作業をしていた人たちは、爆心地から五百メートル以内の至近距離で原爆の直撃を受け、一年生と二年生の五百三十三人と教師八人が亡くなった。工場に動員されていた三年生と四年生、それに専攻科の生徒たちは百三十三人が死亡した。その他の場所で被爆した教師二人をあわせ、市女の犠牲者は六百七十六人に上った。ひとつの学校の犠牲者としては、広島で最大の悲劇となったのである。

八月六日の疎開作業で、学徒隊は九千人の作業従事者に対して、五千六百人の死者を出し、特設警備隊は十大隊で千人の死者を出したとされている。国民義勇隊については、市内地域義勇隊が三万人出動し、二万二千五百人が死亡、職域義勇隊が一万人出動し八千六百三十人死亡、市外からの地域義勇隊が一万人出動し、七千五百六十人死亡という資料が残されている。広島市全体

の犠牲者は、十三万人から十四万人に上ると見られている。

しかしこうしたデータはかなりの部分が推定であり、確かな根拠があるわけではない。建物疎開の作業に従事して、原爆の犠牲となった人たちの正確な人数はわからないままである。


市女の後身である舟入高校の、社会問題研究部の部員たちは、先輩たちが被爆した状況の調査を続けている。これにこたえて、亡くなった生徒の一人、大藪千恵子の姉の藤山泰子は、八月六日のことを社会問題研究部にあてた手紙で、次のように綴っている。

「その当時は、食糧事情の悪い時ですから、妹は体調をこわして八月五日も学校を休み、夜も寝られずに苦しんでおりました。前日、お友達が来られて、六日の勤労奉仕に出ないと、非国民になるうえに、学校も退学させるということづけがございましたので、六日には食事もとらずに、朝早くから出かけました。

母が、からだが弱っているのに心配だ、心配だと言って後を追いかけましたが、もう電車に乗っていて間に合わなかったと、しょんぼり帰って来たのをおぼえております」

これは、体調の悪かった生徒についても、学校がなかば強制的に現場に行かせたという証言である。こうしたこともあって、犠牲者の父や母の多くが、まだ四十三歳の若い校長を責めた。

「校長先生、なぜ十三、四の、力の弱い娘を疎開作業に出したんですか。そのおかげで娘は死んでしもうた」

「娘は頭が痛い、身体の具合が悪いと言っていたのに、校長先生が『働かなくてもいい、弁当番くらいできるだろう』とおっしゃったから、私は『校長先生がああおっしゃたのだから、行きなさい』と言って、むりやり行かせた。それで娘は死んだのだ」

「娘を殺したのはお前だ」

「校長さん、娘を返してくれ。生きた娘を返してください」

何人もの親からそう詰め寄られ、造六は、生きた心地もなかった。生徒たちを、あの日、あの時間に連れてゆくことを決めたのは、事実、校長である造六だったからである。

市女の生徒たちが被爆した県庁付近で、疎開作業にあたった学徒隊は、県立第二中学校、安田高等女学校、県立工業学校、山陽商業学校、新庄中学校、山陽工業学校、市立高等女学校、松本工業学校、市立造船学校、市立工業学校、広島第二高等国民学校の各校から編成されていた。このうち女学校は安田高等女学校と市女の二校で、安田高女が西側一帯を、市女が東側一帯を割当てられていた。しかし作業にいつ、何人を動員するかは、他の学校との調整で、校長の裁量で決められることだった。

学徒隊の動員は、八月三日から始まった。学校によっては、日によって担当を奇数クラスや偶数クラスに分けたり、学年で日時を変えたりした。ところが市女の場合は不運にも、八月五日と六日の二日間、それも午前中に限って、一年生と二年生の全員を集めて、作業にあたらせたのである。

一方で、普通なら建物疎開の作業に駆り出されていたであろう生徒たちを、田舎へ疎開させていた学校もあった。宮川の通っていた広島高等師範学校附属中学校がそうだった。

日清戦争の際、大本営の置かれた広島は、一九四五年（昭和二十年）には第二総軍司令部が設置されて、大阪と福岡のそれぞれの方面軍を統括する西日本の軍事中枢となり、数多くの軍需工場があった。附属中学の教員たちは、アメリカ軍が、これだけの軍事都市を放っておくはずがない、これまで目立った空襲のなかった広島は、むしろこれからの攻撃目標として危険性が増していると考えた。

職員会議では、「国難の非常時に、町を見捨てて逃げるとは何事か」という反対があったものの、やはり疎開させようという意見が職員の大半を占めた。

四年生の宮川は被服支廠に動員されていたため疎開は許されなかったが、まだ動員されていない一年生と二年生を、農村の食糧増産という名目で疎開させた。県や市は、生徒たちをあくまで戦力と見なし、幼児を除いて疎開を許さなかった。しかし附中は広島高等師範学校と広島文理科大学の組織の下にあり、県や市の指導を受けなかったため、疎開ができたのだ。

その時、附中二年だった宮川の弟の惇价も七月に疎開し、わずか一カ月後に投下された原爆の被害を免れた。広島は空襲にあわないだろうという庶民の淡い期待があった一方、軍事都市広島が戦争遂行に果たしている役割を冷静に考えることができた人々は、広島の危険性を十分認識していた。

造六も、広島の危険性は十分承知していただろう。しかも、建物疎開の作業は、労力ばかりかかって効果の少ない仕事だとも思っていたのだ。「危険で無益だという意識があったからこそ、造六は短期間のうちに作業を早く終わらせようとしたのだ」、そう宮川は推測している。そんな作業でこれだけ多くの生命が失われるとは、予想だにしないことであった。造六は親たちに返す言葉もなく、涙を流すばかりであったという。

宮川の自宅のあった広島市皆実町二丁目の同じ隣組には、七、八軒の家があった。各々の家から、最低一人は疎開作業に出るようにと、指令が出されていた。その結果、宮川の隣の家では、女学校を卒業して自宅にいた三女が疎開作業に出て全身を焼かれ、収容された広島陸軍被服支廠で、被爆の当日亡くなった。その隣の家では、夫が出征したあとを守っていた夫人が、疎開作業で亡くなった。その隣の家でも主婦が亡くなった。前隣組長の家では、夫婦が疎開作業で身体の正面を焼かれ、被服支廠のコンクリートの床の上で息を引き取った。すべての家族が、疎開作業に召集されて肉親を失っていた。市女の生徒たちの家族を見ると、親、兄弟など、家族が全員揃っている一家は珍しかった。

一方、造六の親族は、妻のトモエの母と、先妻の姉が行方不明となった。しかし宮川家に限ると、造六夫妻と兄弟三人の一家五人はいずれも生き残った。家族が生き残ったことは、本来は喜ぶべきことである。しかし、造六にとっては、それが負い目となったのである。それが被爆後の広島の状況だった。

宮川は八月十五日を知り合いの農家で迎えた。大きな農家で、ある部隊の司令部も置かれていた。天皇の詔勅をラジオで聞いたが、ピーピーガーガー鳴るばかりで何を言っているのかよくわからない。

「天皇陛下が一所懸命がんばれと言っているのだろう」

そんな風に思っていた。

夕方、宮川の伯父が、勤め先から帰ってきた。会社で伝え聞いた話では、日本は戦争に負けたのだという。

「嘘だろう。そんなことありえんだろう」

宮川はびっくりして、咄嗟にそう答えた。

「原爆であれだけの人たちを殺されて、いまさら戦争をやめるというの？　あれだけたくさんの人たちが広島でなぶり殺しにされて、それはないよ……。とにかく戦争やろう。降伏は取り消し、アメリカ軍が来たら、竹槍で突こう！」

こんなことを本気で考え続けた宮川だった。それは、宮川だけではなかった。原爆の投下で肉親や友人を殺された広島市民は、戦意を奪われるのではなく、逆に「徹底的に闘うぞ」と、決意を固めた人も多くいたのである。

翌十六日になると、灯火管制をしなくてよいと知らされた。

「明るいなー。電気ってこんなに明るいものか」

電気の傘の覆いを取った時、そう思った。宮川は戦争が終わったことを、この時ようやく実感したのだった。

十七日、宮川は動員先の被服支廠に行くことにした。その途中、橋のたもとで友人と出会った。工場に行ってみたが原爆で破壊され、誰もいないという。

彼と橋にたたずんで川面を見るとはなしに見ると、大きな鯉が見える。近くの公園にある池の堰が切れて、川に逃げ出したのだろう。焼け跡の荒んだ風景の中で、十数匹の見事な鯉がゆうゆうと泳いでいる。多くの犠牲者を出した戦争で得たものは、鯉に自由をもたらしたことくらいであった。

「日本はどうなるのかなあ……」

ぼんやりと鯉を眺めながら、脱力感におそわれた宮川少年だった。

原爆の投下から十日以上たっても、顔と背中の火傷はおさまらない。宮川は市内に出来た救護所に通った。

治療をしてくれた女の人が、真っ黒なヨードチンキを顔に塗ってくれた。傷はいまだに乾ききっていない。飛び上がるように痛い。宮川は顔の前に掌をかざし、吹きかけた息を顔に反射させて傷口を冷やしながら、陽の照りつける長い道を、みじめな気持ちでとぼとぼと歩いて帰ったのだった。

第五章　戦後を生きる

敗戦後も造六は、引き続き校長の職にとどまった。

造六は、当初は「早く学校を辞めて責任をとろう」と思っていた。多くの教え子を原爆で亡くした教師として、一切の公職を退き、死んだ生徒の菩提を弔いながら、静かに暮らそうと考えたのだ。後に造六は宮川に、「坊主になりたいという気持ちだった」と洩らしたという。しかし、原爆で亡くなった教員の遺族は生活に困っている。今、自分が学校を辞めてしまえば、遺族の支援もできなくなってしまう。造六は、引退してざんげするかわりに、遺族のために戦災保険をとったり、生活費用の援助をしたりすることに、力を尽くすことにした。造六は、自分にできるつぐないの手段として校長の道を選んだのである。

造六は、かつては実業家を目指しただけあって、実務能力や交渉力も高かった。そんなことから一九五一年（昭和二十六年）には、広島市の教育長に就任した。

どんな時にも、温和な表情を崩さず、しかも決断力に優れた造六は、教育界から強い支持を集めた。造六は、戦後、厳しくなってきた受験競争を少しでも和らげようと、各校それぞれによる選抜制度を改め、その頃としてはユニークな総合選抜制度を、広島市の公立高校に導入した。市女の校風を愛していた造六のことである。受験競争にとらわれない、自由な学園を作りたかったのだろうか。

一九五七年（昭和三十二年）から一九六一年（昭和三十六年）まで、造六は行政手腕を買われて広島市の収入役になった。広島はその頃復興が急テンポで進んでいた。造六は、市内の学校の校舎を新築するため奔走した。雨漏りのしないきちんとした校舎で、子どもたちに勉強させてやりたかったのだ。何度も何度も上京しては文部省とかけあったりして、広島の復興に全力を尽くした。

造六は、社会的な地位が高くなれば、その力を犠牲者や被爆した関係者のために利用できると考えたのだと、宮川は思っている。

現在、広島市の平和大橋の西詰めに広島市立第一高等女学校の原爆慰霊碑がある。碑の正面には、三人の少女が描かれている。左の少女は平和の象徴の鳩を手にのせ、右の少女は花輪をささげている。二人ともスカートをはいている。戦後の少女ということだ。これに対して真ん中の少女は、もんぺ姿である。つまり、戦時中の女学生だということを示している。彼女は$E=MC^2$という記号が書かれた箱を両手に抱えている。この彫刻には、それ以外に碑文や「原爆慰霊碑」といった説明はつけられてはいない。碑ができた当初、遺族たちはこの碑を平和塔と呼んだ。なぜこ

市女慰霊碑前に刻まれた、Ｅ＝ＭＣ^{2}の文字

のように一風変わった慰霊碑が、この地に建てられたのだろうか。

この碑ができた一九四八年（昭和二十三年）、日本はまだ連合国の占領下にあった。そしてＧＨＱ・連合国軍総司令部は戦争犠牲者の慰霊碑を建てることを禁じた。碑の制作を依頼された彫刻家の河内山賢祐は、何か良い知恵はないものかと京都の湯川秀樹博士に相談したところ、「核エネルギーの公式を使いなさい」と助言を受けた。それがE=MC^{2}である。Ｅはエネルギー、Ｍはウランの質量、Ｃは光の速度であり、原爆が爆発した時のエネルギーを示している。少女に抱えられた原子力のエネルギーによって、原爆犠牲者を慰霊する市女の関係者の心情を表現したのだった。

碑は当初、市女の校庭の一隅に建てられたのだが、一九五七年（昭和三十二年）、慰霊のために一番ふさわしい場所に移したいと、平和大橋の西詰めに移転されたのだ。この碑の建立や場所の確保に貢献したのは、その頃、広島市の収入役を務めていた造六である。市女の慰霊祭を盛んにしたのも、造六である。市女で亡くなった教職員の子弟には、進学や就職ばかりでなく、結婚まで世話をした。造六は彼らの親代わりとなり、惜しみなく様々な援助をしたという。

造六は、「原子爆弾」と題した、数首の歌を残している。原爆一周忌に際して、市女で発刊された同窓会報に寄稿したものである。

「にこやかに笑みつつ列びし教え子の　かんばせ夜毎の夢路に通ふ」

かんばせは、顔つきのことである。教え子を亡くした造六の慚愧の念の表現であろう。

「大君の万歳唱え倒れ行きし　清き乙女の赤き血の色」

猛り狂う業火の中で、「天皇陛下、万歳！」と叫びながら死んでいった生徒たちのことを聞いた造六が、そのまま歌に詠み込んだものである。悲惨きわまりない情景である。造六は、多くの生徒を死なせてしまったことに、悔やんでも悔やみきれない念を終生抱き続けていたという。宮川によれば、造六は軍には批判的だった。しかし結局は、軍部の命令に反抗することができず、すべて言われるがままに従ったのもまた事実である。

「人を焼く鬼火しきりにもえさかる　末世澆季の世の姿なり」

澆季とは、人情の失われた、乱れた世の中を意味する。被爆直後の広島こそ、人類がはじめて体験した核兵器による廃墟の姿である。確かに歌のとおりであろう。だが広島を「澆季」としたのは、一体誰なのか。それについて造六は何も表現していない。原爆を投下された側として、造六は、原爆をどう受けとめたのだろうか。

造六の生涯をたどると、彼は確かに野心家であったようである。実業界に憧れ、心ならずも教育界に入ったあとも教育行政のトップである教育長に登りつめ、さらには収入役に転じた経歴は、地方の名士そのものであった。権力に対する憧れも人並み以上にあったのだろう。原爆の惨状を目のあたりにして、生きる意欲をなくした人もいる。しかし造六はそうはならなかった。

そんな造六が、戦時中に、軍部を批判した本当の理由はわからない。軍部への批判といっても、宮川たち家族に洩らした言葉と、戦後になっての発言である。

学生時代には、海外との貿易に目を向けていた造六のことである。日本とアメリカとでは国力に絶対的な差があるにもかかわらず、負ける戦争を仕掛けるのは愚かなことだと気づいていたであろうことは推測できる。しかし戦争を批判的に考えていたとしても、造六が戦争の遂行に校長として協力していたことは事実である。

責任ある地位にいる人間が、内心では戦争を批判しながら、戦争に協力した。造六は、良心の呵責を感じながら、具体的にはほとんど何もできなかった、一人の弱い人間に過ぎなかった。

それでも造六は真の意味での教育者であった。それは、男子生徒と道を一緒に歩いていたばかりに、退学にされそうになった女生徒を救ったというエピソードに象徴されるように、彼は、生徒を一人の人間として大切にした。「生活教育」として生徒たちに、一人一人が、かけがえのない人間であるということを教え、生徒の個性を引き出そうとしていたのである。人間を戦争遂行のための歯車としようとした全体主義とは、異なった方向性である。

造六は野心家であると同時に、生徒を、自分と同じ人間として扱ったと思うのである。生活とは、日常の営みであり、その対極には破壊がある。その究極の姿が核兵器であろう。とすれば、生活教育は、原爆に対し、根源的に「ノー」と言うことができるはずだ。それは、破壊のあとの再生へとつながる力となる。

造六は、収入役を退いたあと、市長を目指したいと考えたこともあったが、結局実現しなかったという。その理由のひとつは、造六は人を信用しすぎたからだと、宮川は言う。権謀術数の政治の世界は、教育の世界とは異質だった。

人は、自分にとって大切なものを守るため、力を尽くす。戦時中、多くの人にとって、それは国家であり、天皇であり、そして家族であった。造六にとってそれは、生徒たちであった。現実主義者であり、娘の死を体験し、やがて生活教育にたどり着いた一人の教育者は、生きることの大切さにこだわったのだと、私は思う。

第六章　『原爆体験記』と綜合原爆展

京都大学では、毎年五月に春の文化祭が開かれる。一九五一年（昭和二十六年）の文化祭は「わだつみの声にこたえる全学文化祭」と名づけられた。

前年六月に朝鮮戦争が始まり、八月には自衛隊の前身である警察予備隊が組織された。日本が再び戦争に巻き込まれるかもしれないという危機感が、学生たちの間に生まれた。そんな時だからこそ学徒出陣で若い命を散らした先輩たちを思い出し、平和についてもう一度真剣に考えてみようという、学生たちの思いが込められていた。

その催しのひとつとして、大学で原爆展が開催された。医学部と理学部の学生が中心となって手作りのパネルを展示し、原爆の構造や爆発の原理などをわかりやすく解説したものである。広島・長崎に関する情報は多くが伏せられ、国民のほとんどが、原爆の被害について具体的には知らされていなかった時代である。原爆とはどういうものか、そしてその破壊力と被害の実態を紹介した原爆展は、学内で大きな反響を呼んだ。

そこでこの原爆展を学内だけにとどめず、原爆の実相を広く一般市民にも知ってもらおうと、学生自治会の「京大同学会」が中心になって実行委員会を作り、「綜合原爆展」を開くことになった。各学部もそれぞれの専門を生かして参加することになり、文学部の自治会は被爆者の体験記を作ろうということになった。

宮川はその時、京都大学で英文学を専攻する三年生だった。広島の高校から一九四九年（昭和二十四年）、新制に切り替わった京都大学文学部へ進学したのだ。

文学部を志望したのは文学少年だったこともある。しかしそれだけではなかった。宮川は、実は医学部へ進学しようと二度受験したのだが、二度とも失敗し、自分には向かないと断念した経緯もあったのだ。

受験では挫折感を味わった宮川だが、自治会の呼びかけを聞くと、「自分が『原爆体験記』を作ろう」とすぐに決心した。自ら惨状を目のあたりにした原爆について、どこかで表現しなければならないと思っていたからだった。

当初は十人ほどの学生でスタートした体験記作りだった。しかし作業の困難さもあって一人、また一人と、パネル作りなど別の作業に移ってしまった。最終的には英文学専攻の平田康と史学専攻の塩伸一の三人で体験記作りにあたることになった。

日本がまだ連合国軍の占領下にあった時代である。ＧＨＱは占領政策として新聞、雑誌や書籍などの出版物を検閲し、アメリカなどにとって好ましくない言論を抑圧した。原爆の恐ろしさや原爆投下の責任を問う記事は、その筆頭である。

戦後の復興が本格化し始めた一九四八年（昭和二十三年）には事後検閲となり、規制はいくぶん緩和された。永井隆博士編の『原子雲の下に生きて——長崎の子供らの手記』など、一部で原爆被害に関する手記が出版されたりした。しかしこうした例はまだわずかだった。

アメリカ陸軍の諜報部隊であるＣＩＣが、執拗に市民生活を監視してもいた。一九五〇年（昭和二十五年）二月からレッドパージが始まり、共産党員とその支援者は、官公庁や企業から追放された。こうした中で原爆の体験記を作るということは、連合国批判と見なされて警察に逮捕される危険性があり、学生たちにとって、勇気のいる仕事だった。実際、京都の原爆展が終わったあと、そこで使われた展示品を利用して、他の県で原爆展を開こうとした学生が逮捕されるという事件も起きたのだ。

『アサヒグラフ』に被爆地の写真が掲載されて五十二万部が売り尽くされ、全国的に原爆の恐ろしさが知られるようになったのは、対日講和条約が発効して三カ月あまりたった一九五二年八月で、「綜合原爆展」の開かれた翌年のことである。

原爆展の実行委員会の中で、被爆者は宮川だけだった。必然的に体験記作りの中心となった。宮川は、体験記作りを始めた頃の一九五一年（昭和二十六年）六月十三日の日記に次のように記している。

「趣意書作成から原稿募集、資金集めと、毎日自分の時間などほとんど見出せぬ、追い立てられるような生活を繰り返しているが、その中にあって私の心は絶えず孤独の世界へ、閉ざされた自己へと後退しようとする。

それを押し止めて先へと駆りやるのは、他の委員達の献身的な努力と、我々の意図に強く応える原爆体験者の声であろう。

原爆の悲劇を再び繰り返すな。

この叫びこそ、この体験記編集の根底の趣意であるが、この素朴な叫びを如何なる実際の行動にまで高めるかは、我々編集委員の重大な責務ではないだろうか」

まだ学生だけに、生硬な文章である。ただ宮川が「孤独の世界」を感じたのは、その頃の学生たちを取り巻く政治状況が大きく変化していたことがひとつの理由となっている。

実行委員会は、共産党の主流派を支持する学生が多数派を占め、原爆展の方向づけにも主導権を握っていた。『原爆体験記』の手記を募集するため宮川が起草した趣意書は、当初、素朴な平和への願いを基調としていた。しかし多数派の学生たちは、世界の平和運動との連帯を重視し、ドイツで開かれることになっていた「ベルリン青年平和祭」の一環として原爆展を位置づけるという項目を挿入した。

やがて世界情勢が時々刻々と変化し、共産党内部での主導権争いも激しくなるにつれ、実行委員会の学生たちは「ベルリン青年平和祭」の項目を削除した。海外との連携を重視するグループの勢力が弱まったからである。その時のことを宮川は、日記にこう記している。

「私としては大いに歓迎するべき現象と思うが、しかし、あまりにもご都合主義の、その場勝手の、無定見な行動ではないだろうか。

彼らの主張の楯とする所は、大衆に学べ、ということと、過ちは直ちに改めよ、広範な平和勢力を結集せよということにある。しかしこのご都合主義が、情勢の変化と共に原爆を取り上げること自体を、やがて放棄する時が来るのを私は恐れるのである」

宮川は、友人たちが左翼活動に関わってゆく中で、政治運動には一定の距離を置いていた。宮川の関心はまず文学にあったからだ。しかしそればかりではない。

宮川も大学に入って最初の内は、日本の未来にとって、共産党がひとつの希望の星だと思っていた。だが共産党に対する見方が少しずつ変わってきた。党の幹部たちの指導に従って大会に参加したり、デモに出たりするなかで、「共産党は一人一人の幸せなんか、考えていないんじゃないか」と感じだしたのだ。

宮川は一九五〇年（昭和二十五年）十一月に大学の演劇部が主催し、校内で開かれた、劇団・前進座の主催者、河原崎国太郎を囲む会に参加した。

河原崎は、日本映画や新劇、それに歌舞伎の現状を批評し、日本と西洋の発声法の違いについて触れ、さらに話題はモリエールに関するエピソードなどにも及んだ。彼の幅広い見識は学生たちに支持されていた。

このように集会は政治的なものではなかったのだが、警察は私服警官を立ち合わせることが開催の条件だと事前に通告していた。学生たちの集会の政治運動化を警戒していたのだった。しかし、警察の要求を認めれば、今後は、学生の集会すべてに警官の立ち合いを認める前例にもなりかねないとして、学生側は要求を拒否した。宮川を含む数十人の学生で会は強行された。しばらくすると校内に、約百五十人の警官隊が入ってきた。宮川たちは、抗議のため集会を中断して校舎の外に出ると、警官隊ともみあいになった。しかし署長の指示で警官隊は間もなく引き上げ、その日はことなきを得た。

事件の翌日、宮川たち学生は抗議集会を持ち、デモ隊を組んで大学の正面から東大路を通り、電車道をふさいで数百人の学生が警察署へ抗議に向かった。デモ隊のため路面電車も止まった。これに対し警察側は、電車道を空けて川沿いの広場に移れと言う。警察が学生との話し合いに応じるという条件で広場に移った途端、警官隊に取り囲まれた。多くの学生が警棒でさんざん殴られてケガをし、五人が逮捕された。

この事件では、三十一人の学生が大学側から放校や無期停学を含む厳しい処分を受けた。宮川は、わずかなケガだけで逮捕や処分は免れた。

彼はそれまで経験したことのない、権力に対する激しい怒りにおそわれた。同時に、弾圧に対する恐怖にも取りつかれた。

そしてもうひとつ感じたこと、それはデモを指導した学生運動の指導者に対する不信感である。彼らは学生が警官隊と衝突する時、できるだけ検挙などの犠牲を少なくしようといった配慮をしなかった。彼らは、宮川たち学生に向かって「行け！　行け！」と号令をかけるだけだった。幹部はデモ隊のうしろの方にいて、学生たちが警官隊になぐられようが、ケガをしようがおかまいなしだったのだ。場合によっては幹部たちは、デモ自体に参加しないこともあった。

宮川の学生時代、共産党は山村工作という戦略をとったことがある。毛沢東理論にならって、農村から都市を包囲するというものである。宮川の友人の活動家たちも農村に出かけて行った。結局この戦略は失敗に終わり、農民からは総スカンを食い、学生たちは身体も壊して、ほうほうの体で学校に引き上げて来た。

彼らは、以前のように勉強する意欲もなくしていた。やがて学校から姿を消していった友人たちのことを、宮川は、はっきりと覚えている。それなのに党は、路線の失敗を明確に謝罪しなかった。方針転換だと言うばかりだった。「彼らは何ひとつ反省していない」。宮川はそう思った。

警察に検挙され、あるいは精神的にも肉体的にもぼろぼろにされた犠牲者をたくさん出したというのに、党は突然方針を変え、あとに残されたものは活動家の死屍累々たる惨状であった。

「ぼくは臆病だから、デモなんかも尻込みして行かなくなってしまったけれど、まわりから見ていたら、政治運動って、ずいぶん勝手だなあと、ものすごく思うようになった」

それでも宮川は、『原爆体験記』の取材と編集作業だけは懸命に取り組んだ。個人的な義務感に突き動かされてのことである。しかし周囲の状況はまさに政治の季節であり、宮川の個人的な気持ちなど無関係に準備は進んで行った。宮川は実行委員会の中で、自らに誠実に行動しようとすればするほど、孤独を感じる自分を発見した。

宮川は政治運動に一定の距離を置くようになっていった。大学を卒業してからも政治運動に対する不信は無くならなかった。むしろ一層強まったと言ってもいい。戦後に原水爆禁止運動が高まりを見せるようになっても、宮川は特別な関わりを持たなかった。

共産党系であろうが、社会党系であろうが、政治的な活動というものに信頼を置けなくなっていたのだ。学生時代に感じた、平和運動の将来に対する心配は、当初は国民運動として始められた原水爆禁止運動が政党や労働団体中心の政治運動と化し、その後社共両党の路線の違いから分裂するという形で現実のものとなっていった。宮川にとって、苦い時代となりつつあった。

宮川が綜合原爆展で『原爆体験記』を作るグループの中心となった理由はもうひとつある。作家志望の学生たちで作った「京大文芸同人会」のメンバーだったからである。文章を書くのが好きだったのだ。被爆者に対する聞き取り取材は二人、または三人で一緒に行ったが、最終的に文章にまとめるのは、宮川の役目となった。

作業に入るとほとんど毎日のように京都市内を歩き、情報を集めた。被爆者がいると聞くと、下駄履きの学生スタイルで話を聞きに行く。しかし、すぐ取材に応じてくれる人はいなかった。

一般の人々にとっては戦後「すでに六年」かもしれないが、被爆者にとっては「まだ六年」しかたっていない。被爆直後の記憶も鮮明な中で、思い出すのも嫌だという人が多かった。しかも放射線を浴びたというだけで、結婚や就職を拒否されるという新たな差別が生まれていた。何度も何度も通っては、話を聞かせてくれるよう頼んだ。渋々応じてくれた人も、宮川たちが個人的な面も含めて色々質問すると、文句を言って怒りだすこともあった。

宮川と一緒に取材にあたった塩は現在、林茂夫のペンネームで軍事評論家として活躍している。塩は、ある女性の被爆者を探し当てて体験記を書いて欲しいと依頼した時のことを、著書の中でこう記している。

「いまよりももっとひどい結婚差別、就職差別に耐えながら、被爆者の人たちが息をひそめて社会の片隅にじっと生活していること自体知らなかったわけです。ですから玄関先でその女性から『人が息をひそめて生活しているのに、見つけだしてさらに手記を書けとは何事だ』と怒られたときは本当にショックでした。

その日は京都の町を歩きながら、いったいなんで怒られたのだろうと、そのことばかりを考えつづけていました。被爆者問題について、いまでこそいろいろ解説されたものがありますが、当時は何もなかったので、いきなり問題の渦中に入り込んでしまい、真剣に悩んだわけです」

まだ若い宮川や塩たちは、原爆体験記の取材を通じて、社会の裏側に気づかされた。特に宮川の印象に残っているのは、京大病院の三階に入院していた岩城寛敬を取材した時のことである。

岩城は二十二歳の時、広島の西練兵場で被爆した。岩城も、最初は何も語らなかった。彼は顔から背中にかけてケロイドが残っていた。これだけの傷を受けたからには、心にも深い爪痕を残しているのだろう。宮川は自らも被爆者であることを告げ、自分の体験を語った。

自分だって、思い出したくて取材しているわけではない。しかし戦争のありのままの事実を、人々に伝えなければならない。うまく説明できないながらも、宮川は必死に語りかけた。

そんな気持ちが伝わったのだろう。何度も病院に通う内、岩城は自分の体験を話してくれた。

岩城の証言は七ページに及び、体験記の中で最も長い文章である。岩城が被爆で全身をたたきのめされて気を失い、再び気がついてからの広島の惨状が生々しく描かれている。傷がひどく、せめて故郷で死にたいという思いで広島をあとにする時の岩城の気持ちを宮川は、こう記述している。

「二十八日には起き上がれなくなり、歯ぐきが膿み、扁桃腺が腫れて食事が摂れなくなった。私は遂に死を覚悟した。

三十一日に復員が決定した。その時になってはじめて、私は田舎の家に帰って死にたいという望みに捕らえられた。肉親の顔が私の心に浮かび、懐かしい故郷の姿が私の胸に明滅した。

押さえがたい郷愁の念がひしと身に迫り、私は歩くこともできなかったが、何としてでも家に帰ろうと決意した」

岩城の気持ちを汲んで、宮川が懸命に筆を走らせたのだ。

宮川たちが京都で取材を申し込んだのは十五人。その内取材を受けてくれたのはわずかに四人だけだった。これでは、到底一冊の本とすることは無理である。

宮川は、単身広島へ帰り、手記を寄せてくれるよう、あちこち走り回った。この時訪ねた中には、原爆詩人として知られる峠三吉もいる。

特に紹介もないまま峠のアパートを訪ねると、文学仲間らしい六、七人の人たちが集まって会合が開かれていた。

「ちちをかえせ／ははをかえせ」で始まる有名な詩が載った『原爆詩集』が出版される前のことである。峠本人に、「手記を書いてもらえないか」と依頼したが、やはり忙しかったのだろう。「誰かに頼んでおきましょう」という返事をもらった。

ほかにも鉄道病院に行ったり、市の職員組合に協力を頼みに行ったりした。

こうしてようやく十三人の被爆証言が集まり、原爆展に間に合うよう、宮川は編集作業を急いだ。

『原爆体験記』の表紙。宮川たちが京大生時代に作った

完成した『原爆体験記』はざら紙にガリ版刷りの冊子で、五十ページの手作りである。表紙のカットには、後ろ姿の一人の女性が描かれている。全裸で髪を振り乱し鬼気迫るものがある。最初のページに宮川は、次のような序文を記した。

「六年という歳月は、恐らく多くの僕たちの記憶を忘却の渕に沈めて行く力を持っているに違いありません。ですけれどここに集められた十数篇の手記のそのどれをとってみても、そこにはまるできのうのように生々しい鮮烈な印象が語られています。（中略）

この文集は、被爆の体験については何も語りたくないという痛切な沈黙の心理と、誰かに向かってこの体験を訴えずには居られない強い衝動との交錯の中から生まれてきたものであります」

序文は最後にこう呼びかける。

「全人類がこの八月六日と八月九日とをしっかりと脳裡に刻むことができたならば、それは『たとえどんなことがあっても世界のどの片隅へでも再び原爆を使うことがあってはならない、あらせてはならない』という力強い叫びとなるでありましょうから」

広島市が被爆五十周年にあたって出版した『図説戦後広島市史――街と暮らしの五十年』には、宮川たちが作った『原爆体験記』の写真が掲載され、その時代の背景として次のような解説がつけられている。

「原爆被爆の体験を伝えることは、占領下ではタブー視されていた。講話条約発効後も原爆被害者がみずからの体験を語ることはまれであった。語るにはあまりにも辛い体験であり、被爆者への差別という問題もあった。

多くの原爆被害者がみずからの体験を語るようになるためには、長い年月を必要とした」

占領下の困難な時代の中で、被爆者の証言を記録した『原爆体験記』は、時代の先駆的な役割を果たしたのである。

体験記を作った仲間の平田は大学を卒業後、京都の女子大で英語を教えていたが、一九九六年（平成八年）に定年で退職した。

平田が被爆体験の聞き取り作業で印象に残っているのは、炸裂した原爆の色を聞いた時の答えが、その人の被爆した場所によって、違っていたことである。ある人は真っ白と答え、ある人は真っ黒と答えた。真っ赤と答えたり、橙色と話したりした人もいた。

この色の違いは、原爆が爆発した瞬間、中心の温度が摂氏百万度を越え、その後輝きを失うまで、十秒ほどのきわめて短い時間で、火球の温度が急激に変化したことによるものと見られる。例えば「原爆の色は真っ白だった」と答えた人は、原爆が爆発した最初の瞬間を、爆心地近くでいやおうなく体験した人なのである。こうした取材を通じて、原爆は、これまでの爆弾とは違って一人の人間の感覚ではとらえられない、巨大なものであることを実感したのだ。

『原爆体験記』作りに参加するまで塩は、原爆のことについて、ほとんど何も知らなかった。それが被爆者を目のあたりにし、彼らの証言を自分の耳で聞いて強いショックを受けた。被爆の悲惨さは、人間の想像を越えていた。この体験が塩の人生を方向づけ、平和運動に関わりながら核や安保、基地や自衛隊などに関する研究と評論を、生涯のテーマとするようになったのである。

綜合原爆展の会場は京都駅前の丸物《まるぶつ》百貨店、現在の京都近鉄百貨店である。五階全体を借り切り、一九五一年（昭和二十六年）七月十四日から二十四日まで、一日の店休日をはさんで十日間にわたって開催された。

宮川は毎日朝九時半の開店前にデパートに行き、閉店時間の午後五時半まで会場に詰めた。丸木位里、赤松俊子夫妻が共同で制作した「原爆の図」五部作をはじめ、原爆の構造や、医学的影響、それに広島の状況などをわかりやすく解説したおよそ百九十枚のパネルなどが、会場いっぱいに展示された。宮川は会場を訪れた人たちに被爆の状況を説明したり、体験記や絵はがきを販売したりした。

丸木、赤松夫妻も初日から会場を訪れ、絵の飾りつけだけでなくパネルの展示なども手伝ってくれた。「原爆の図」は、その後世界的に評価された作品だが、今回のように日本で大々的に展示出来るのははじめてのこととあって、二人の喜びは想像以上のものがあった。赤松俊子はえび茶のベレー帽をかぶり、よく太った女性だったが、さすがに芸術家らしく、売り物台の品物の並べ方などにも細かく気を遣っていた。

実行委員会の一人で情報宣伝、いわゆる情宣担当だった小畑哲雄は、著書の中で、「被爆後六年目の夏、京都で開かれた綜合原爆展こそが、『原爆』について、『原爆の被害』について、日本ではじめて、従って世界でもはじめて、その名のとおり、『総合的』に多くの人々の前に展示したものだった」と、その意義を強調している。

小畑は、京大同学会が綜合原爆展を開催したことで一九六〇年（昭和三十五年）に世界平和協議会から「平和賞」を受賞した際、ノーベル賞を受賞した物理学者の湯川秀樹博士のメッセージを紹介している。この中で湯川博士は「熱意と勇気ある人たちの運動であり、その意味において京大同学会が一九五一年に原爆展をおこない、地味な形でおし進めていったことは立派だと思う。この先駆者的な意義を持ち、しかも地味で目立たぬ一つ一つの努力のつみかさねが〝ビキニ〟以後の全国民的な運動を促進し、つよめるものとなったといえるだろう」という高い評価を与えている。

宮川たちのまとめた『原爆体験記』について小畑は、「パネル写真とあわせて見ることで原爆被害の惨状が、想像を絶するものであることが良くわかった」と話す。パネルは未知の状況をわかりやすく伝えるのに効果的である。しかしそれだけでなく『原爆体験記』で被爆者の経験や気持ちを読み取ることで、核兵器によって人間が受けたはじめての被害を総体的に理解することができたのだ。

原爆展は市民に好評だった。進駐軍や警察予備隊の姿もちらほら見えた。入場者はのべ三万人に上った。

宮川は、訪れた市民の一人一人が、原爆の恐ろしさを目のあたりにし、核兵器の非人間的な残虐さを感じ取ってくれたと思った。単なる見せ物には終わらなかったと、宮川たちは予想以上の成果を喜びあったのである。

第七章　小説家の夢と挫折

京都大学文学部では、小説家志望の新制一回生の学生たちが同人雑誌を作ろうと学内に呼びかけ、一九四九年（昭和二十四年）「京大文芸同人会」が結成された。

その頃の学生は旧制高校の卒業生と新制高校の卒業生とが入り交じり、同じ学年でも年齢にかなり幅があった。彼らは多感な少年時代に敗戦を体験し、戦前、戦中の価値観がひっくりかえる様を目のあたりにしただけに、社会に対する批判精神にも富んでいた。共産党に入り、その頃は「細胞」と呼ばれた党の支部を学生たちで組織し、あるいは入党しなくとも支援者、いわゆるシンパとして活動する学生も多かった。

その一方で、共産党に批判的な学生も、もちろんいて、サークルや自治会などで活発な論議が闘わされたりもした。京大に進学したばかりの宮川も習作を持ち寄り、「京大文芸同人会」の結成に参加した。

この会はのちに「京大作家集団」と名を変え、その作品集の第四号で、宮川は、はじめて小説を発表した。「変圧器《トランス》」という題の短篇である。

気の弱い会社員が主人公で、正月休暇に食い込むため誰も行きたがらない出張を、同僚から無理やり押しつけられたことから物語は始まる。主人公を唯一理解する女性に励まされたものの、「孤独を愛しながらそれに徹底できず、腰の定まらぬふらふらした自分の生活」に愛想を尽かして列車から飛び降りる。飛び出した途端に「しまった！」と後悔したところで、この短篇は終わる。列車事故で亡くなった義理の伯父をモデルに、その頃の宮川の心情を綴った作品である。しかしこの作品は、同人たちからほとんど評価されなかった。

「京大作家集団」は、第四号の作品集を出したあと、翌一九五〇年（昭和二十五年）にメンバーが教養部を終えた段階で解散した。一部の同人が左翼活動に積極的に関わりだし、作家集団としてデモに出ることや声明文の発表を提案したため、それに反対する同人との間で意見が食い違うようになっていたのだった。

やがて宮川は、文学部の別の仲間が作っていた「京大文学研究会」に参加した。世話好きの宮川が組織運営の中心となり、一年後にその代表となると、会の名前を「ＡＲＵＫＵ（歩く）」として再出発させた。派手に活動するのではなく、地道に一歩一歩、歩いて行くという意味を込めてつけた名前である。

文学作品を書いていくためには、まず過去の作品を研究する必要があると考え、読書会形式の談話会で、集中的に一人の作家について読み込んでいった。最初に選んだのがチェーホフだった。そのあとジードを読んだり、ドストエフスキーを読んだりして、討論を重ねた。作家志望の者も、またそうでない者も加わって文学について語り合う、自由な雰囲気が生まれた。

こうした文学仲間の中でも、宮川にとって一番の親友となったのが、のちに作家となり、重厚な長編小説を次々と発表した高橋和巳だった。

高橋は年齢が宮川より二歳年下だったが才気煥発で、いつもグループの中心となった。一方宮川はといえば、生来の穏やかな気質に加え、周りの秀才たちに気後れして、目立たない存在だった。対照的な二人だったが妙に馬があい、二人はいつも一緒だった。ともに食事をし、一緒に映画や劇を観に行き、お互いの下宿にたびたび泊まっては議論を交わした。

「三浦や高橋のあの緊張と鋭敏さとは、彼らの肉体的劣弱を精神的分野で補い、つぐなわんとする必死の努力が生み出すものであろう」と、宮川は日記に記している。

三浦とは、後に産経新聞論説委員を経て小説家となった三浦浩のことである。ベストセラー小説『日本沈没』で知られる小松左京も、「京大作家集団」以来の文学仲間である。日本の代表的な国語辞書『大言海』を編纂した大槻文彦の評伝『言葉の海へ』で大佛次郎賞と亀井勝一郎賞を受賞した作家の高田宏は、「ＡＲＵＫＵ」の仲間である。小説家で大阪文学学校の講師なども務めている北川荘平ら、宮川の文学仲間には、のちに作家となった者も多い。あるいは毎日新聞論説委員を務めた石倉明や、高校教師の傍ら、高橋和巳の思い出について出版した豊田善次もいる。

「僕はあらゆる面で、僕の無知無能を嫌というほど見せつけられ続けてきた。

ことに小説を書こうという気になって以来というもの、芸術、あるいは人生そのものについて、

京大作家集団の仲間。右から高橋和巳、宮川、元高校教諭の豊田善次。
1955年（昭和30年）、於・京都市の高橋夫人の実家

その認識、理解において、自分の無知さ加減に嘲笑されているのを見ては、僕の自尊心はひどく痛む」

その頃の悩みを宮川はこう綴っている。

しかしこれに懲りることなく、宮川は同人誌『現代文学』の創刊に参加した。

創刊号では、高橋が自伝的小説『捨子物語』の前半部分を発表し、文学仲間の間で注目された。

「原爆のことを取材した小説を書けよ」

高橋から強く勧められる。創刊号には、第二号の予告として、原爆をテーマにした小説の題と宮川の名前も載った。

宮川は自分自身の体験をもとに、小説の筋を練った。主人公の家族構成は両親と弟、妹で、ここまでは宮川の家族と同じである。宮川は姉を創作して主人公とし、彼女が原爆で

亡くなるストーリーを考えた。しかし、いつの時点から物語を書き始めるか、うまく決まらない。

爆発した瞬間から書くと、原爆のインパクトはあるけれど、人間がかすんでしまう。被爆の前から書くとして、どの時点からなら、原爆の爆発を節目に、あるいは結末にした人生を描くことができるのか。原爆は、一人一人の人生にとってあまりに不条理であるだけに、小説の姿がなかなか浮かんでこない。

「原爆の被害にあった時の人間の個性を、どう描けばよいのだろうか……」

宮川は悩んだ。宮川は、小説とは人間の生き方を問うものだと考えている。だからテーマが原爆であるならば、原爆そのものに対峙した人間の個性を、文学として描きたかった。

その頃にはすでにいくつかの原爆文学が発表されていた。原民喜の『夏の花』は、原が広島のいたる所で目にした、死ぬ間際の人々の訴えが記録されている。また宮川たちが呼びかけ人となり、大学で講演をしてもらったこともある大田洋子の『屍の街』も、原爆の記録文学として高い評価を受けていた。大田はその序文に、次のように記している。

「八月十五日以後、二十日過ぎから突如として生き残った人たちの上に、原爆症という驚愕にみちた病的現象が現われはじめ人々は累々として死んでいった。私は屍の街を書くことを急いだ。人々のあとから私も死なければならないとすれば、書くことを急がねばならなかった」

宮川はこうした作品を、「すごい作品だ」と思った。しかし自分が書きたい小説とは違うとも思った。なぜなら、こうした作品では、原爆の被害は描かれているが、主人公の人間性は存在しない、というよりも、存在しえない形で描かれていると感じたからだった。

その裏返しとして、宮川は、原爆に向きあった人間を描く文学が果たして成り立つのか、という疑問にとらわれていった。永井隆博士の『長崎の鐘』は、原爆の貴重な記録として、興味深いものであったことは確かである。しかし原爆の小説は非常に特殊なものであり、文学としての普遍的な価値を確立することは非常に難しいと、感じていた。

「原爆の被害にあったということで、過去の生活がすべて消滅してしまうというか、無に帰するというか、なにかもう、人間としての存在を止めてしまったという感じがしたんです」

小説とは人間を描くものであるのに、その人間そのものがなくなってしまったのだという喪失感である。「被害者」というより「被害物《ひがいぶつ》」になってしまったように思えたとも、宮川は表現した。

さらに宮川は、「被爆者」という言葉によって、画一的に規定される世間の眼と、現実の自分自身や、実際に目のあたりにした被害者との違いに戸惑い、悩んだ。しかし、その悩みを作品へと結実させることは難しかった。

宮川を悩ませた理由はもうひとつある。それは、原爆のことを書くだけの資格が果たして自分にあるだろうか、という疑問だった。

原爆の悲惨さを体験したからという、第一の理由と矛盾するかのような問いかけである。確かに原爆の悲惨さは、宮川の心に強く刻み込まれている。しかし、家族が亡くなったわけではない。

自分たちだけが助かったという気持ちを、どうしても拭い去ることができない。傷ついた人たちを残して自分たち家族だけが助からねばならないという状況は、人間として生きる姿ではなかった。やむを得ないことだったのだが、心に深い傷となって沈んでいた。

文学を志し、原爆について深く語ろうとすればするほど、宮川は自分自身との対決を余儀なくされた。

色々考え悩む内に、宮川は、自分の内面さえ自分でつかめなくなっていた。高橋や小松ら文学仲間と会うのも、だんだん気が進まなくなってきた。彼らに作品を催促される内、「宮川は何よう書かんじゃないか」「才能がないんじゃないか」、あるいは「ちゃんとした考えがないんじゃないのか」と暗に批判され、さらには軽蔑されているように思えてきたのだ。

文学仲間は、志を同じくする同志であると同時に、お互いの欠点を容赦なく批判するライバルでもある。

同人の集会では、「それぞれの、今一番切実な思いを語れ」とか、「文学をどうするつもりなのか」といった質問が突然出される。こうした議論が小説に対する新たな視点や、論理的な文章力を養うことにもなったのだろう。しかし、文学の可能性に、そして自分自身の被爆体験の意味に悩んでいた宮川は、こうした議論に十分答えることができなかった。そんな時でも文学仲間は容赦なく、宮川に新たな議論を浴びせた。

宮川にとっては、「ぼろぼろになるまでやっつけてしまえ」と攻撃されているように感じられ、仲間との集会が堪え難く思えるようになった。

その頃のことを宮川は、日記に書いている。

「処置なしである。いかに自分を統御しようとしても、時折得体の知れぬ影のように私の心に襲いかかってくる奴が、私の行動を無茶苦茶にしてしまう。後からその収拾にいかに気を配り、努力しても、ついにその破滅は救うべくもない。

もう駄目だ。友人と差し向かいでいるのが恐ろしくなってくる。

沈黙に耐えられなくなる」

果たして宮川の考えたように、原爆を正面から見据えた小説は、成立し得ないものであろうか。

井上光晴の小説『地の群れ』は、被爆者差別が深刻化していた時代の長崎を舞台に、日本社会の差別の根をえぐりだした問題作である。被爆者と被差別部落出身者という差別された人たちどうしがさらにお互いを差別しあい、ついに殺人事件が起きるというストーリーだ。発表は一九六三年（昭和三十八年）、被爆から十八年が過ぎている。

井伏鱒二の小説『黒い雨』は、放射性物質を含んだ黒い雨によって原爆症に蝕まれた人間の苦悩を描いている。井伏がこの小説を発表したのは一九六六年（昭和四十一年）のことである。

福永武彦の『死の島』は、被爆して、癒されない心の傷を抱き続けた、若い女性画家の物語である。彼女の生の中にひそむ死を、作者は描き出す。作品が発表されたのは一九七一年（昭和四十六年）である。

こうした小説では、原爆によって引き起こされる原爆症や差別の問題を背景に、精神的に荒廃する被爆者、あるいは状況を打開しようともがき苦しむ被爆者の姿が描かれている。

そこから見えてくるものは、被爆という断面で切り取られた日本社会の姿である。作家たちが、そこまで掘り下げて原爆をテーマとした小説を書き上げるまで、二十年前後の歳月がかかったのである。それだけの年数を必要とするほど、原爆の威力は強力だったとも言えるだろう。

宮川の学生時代は、被爆後、数年しかたっていない。生々しい被爆の記憶がこびりついていた宮川にとって、原爆を冷静に小説の対象とするには、時間の経過が不十分だったのかもしれない。まだ人生経験の浅かった宮川にとって、原爆の問題を徹底的に掘り下げることは難しかった。

結局、宮川はペンが進まず、作品をまとめることができなかった。他の同人の作品も集まらず、『現代文学』の第二集は出ないままに終わったのだった。

文学サークル「ＡＲＵＫＵ」の代表となり、自由に議論する場を運営したのは、宮川の才能のひとつと言えるだろう。「ＡＲＵＫＵ」という名前には、宮川の願いも込められていた。走らず、あせらず、一歩づつこつこつと、着実に歩みを進めるということである。しかし宮川は、結局、小説家となる夢を実現することはできなかった。

大学を卒業した宮川は、一九五八年（昭和三十三年）まで、京都の女子校に英語の教師として五年間勤めた。文学の筆も折った。

「同人誌の集まりに出て来ないか」

京都にいると度々誘われる。しかし宮川の内面の苦悩はまだ整理がついていなかった。女子校に勤めながら、研究者を目指して母校の大学院を受験したのだが、あえなく不合格となったのもこの頃である。何をやってもうまくゆかない宮川だった。

「長男なんだから、広島へ帰って来い。京都にいても、ええことないじゃないか」

父の造六からも再三帰郷を勧められる。しかし今、広島へ帰ると「一生親父の言いなりで頭があがらなくなるし、親父の手のひらから出られんようになる」と思ったりもした。広島市の教育長を務めた造六は、その頃には市の収入役に就いており、教育界に依然として影響力を持っていたからである。

宮川の母、トモエは継母だが、士族だった旧家の出身で非常に躾が厳しく、宮川と折り合いがあまりよくなかった。そんなこともあって、帰郷はためらわれた。宮川は「これからどうしよう」と毎晩、下宿で考えた。しかし結局京都にいても、道の開ける可能性はないと、広島に戻ることに決めた。都落ちの気分だった。

逃げ帰るようにして故郷の広島へ戻り、市立高校で英語の教員となった。その段階で、友人たちとは訣別しようと思っていた。

それから一年たった一九五九年（昭和三十四年）七月のことだった。突然高橋から、一通の手紙が舞い込んだ。

「みんなで、紀伊の白浜へ海水浴に行くことになった。宮川も出て来い」

高橋からの誘いだった。宮川はうれしかった。もう文学仲間とは縁を切ったつもりで、広島に帰ったものの、青春時代を共に過ごした友人たちである。忘れられてはいなかったことが胸にしみた。七月下旬に大阪の梅田で高橋や小松、北川らと落ち合い、総勢七人でわいわいと酒を飲みながら列車で白浜へ向かった。しかしそのあと、他の人たちにとってみれば他愛もない、しかし宮川には、一つの決心をさせる出来事が起きたのである。

細かなことに気がつく宮川は、列車の中でみんなにつまみの竹輪を買ったり、菓子を買ったりした。駅を下りて、宿に行くまでのバスの運賃もまとめて宮川が支払った。宿について荷物を置き、海で一泳ぎを楽しんだあと、帰りに西瓜や酒、それにつまみも買い入れた。夕食のあと、みんながごろごろしていると、誰かが「おい、ちょっと、きょう使った金を清算せいや」と言った。宮川は、別にしなくてもいいのにとも思いつつ、みんなで、何にいくらかかったか、計算し出した。すると、ほとんど宮川が支払っていた。それがわかった時、宮川は自分でもちょっと意外だった。意識的にそうしたわけではなかったからだった。

「宮川、お前、気前がええ」

次の瞬間、誰かがそう言った。その時、宮川は、非常に嫌な感じがした。

「自分というのは、人によく思われたいと考え、人の機嫌をとろうとしてばかりいる嫌な奴だ……」

和歌山県白浜町で海水浴。右から小松左京、元毎日新聞論説委員の石倉明、宮川、豊田善次。1958年（昭和33年）

宮川は自己嫌悪に陥ってしまったのだ。その途端、せっかくの白浜の海水浴が、急に色褪せ、全然面白くなくなった。みんなと一緒にいるのが嫌になり、もうここにいたくないという気がしてきた。そんな宮川の気持ちなど、ほかのみんなはまるで知らずに、酒を飲んで騒いでいる。

「わしという人間はつくづく嫌な人間だなあ。どうしてみんなのように、無邪気に楽しめんのかなあ」

宮川はその晩、布団の中で眠らず考え続けた。そして「誘われても、もう二度と来ない」と誓った。

翌日の朝宮川は、「わしは帰る」と告げた。みんなはびっくりして「なぜ？」と聞く。

「きょうはこれから温泉に行って、それから那智まで行くんだから。どうして帰るの？」

しかし宮川は、「どうしても行かねばならない用事を思い出した」と言って、白浜の駅でみんなと別れた。列車の窓から仲間の一人が「なんで行かんのや?」と大きな声で言ったのが、最後だった。

「さよなら」と手を振りながら、その時宮川は、自分の青春にも別れを告げたのだった。

その時のことを振り返って宮川は、「わけのわからん奴だと、みんなに思われたでしょうね」と笑いながら話す。しかしその時宮川は、真剣に悩んでいた。

「一種の劣等感の裏返しだろうね。劣等感があって、友達によく思われたいという。言うなれば、一種のノイローゼだったと思う。あれは普通の精神状態じゃなかった」

文学を志した仲間のうち、自分だけが取り残され、原爆の小説も完成させることができなかった辛さは、誰にも打ち明けることができなかった。

こうして宮川は学生時代の文学仲間と、連絡を断った。それ以降、仲間から手紙が来ても、一切返事を出さなかった。

この出来事があって一カ月後の一九五九年（昭和三十四年）八月、高橋和巳は同人誌『VIKING』に長編小説『憂鬱なる党派』の連載を始めた。

小説の主人公は、広島の女学校の校長の長男で、原爆で被爆したあと京都の大学の文学部英文学科に学び、卒業後は故郷の広島で学校の教員となった。しかし間もなく教員を辞して原爆犠牲者の伝記を書き上げ、出版を目指して大阪で奔走する。この主人公を中心に、大学時代の同級生たちがそれぞれ直面した現実に失望し、彼らのほとんどが社会から脱落してゆく様が描かれている。

編集者として高橋と親交のあった文芸評論家の川西政明は、『憂鬱なる党派』の主人公について、「高橋和巳の理念を託された人物であるが、その人物の輪郭は学生時代の友人の像と重なる。広島から京大へ来たその人物は高橋和巳に深い影響を与えることになるが、作中に広島の資料として現われる列伝はこの作品を書き継いでいる高橋和巳のもとにあった」と記している。高橋に「深い影響を与える」ことになった人物とは宮川であり、「作中に現われる列伝」とは『原爆体験記』のことである。

高橋は『憂鬱なる党派』の中の一つのエピソードに「CICのきびしい監視のあった時代から、君は被災者の文集を出そうと努力してきたとも聞いている。世界的な平和運動の高まりで、やっと、公然と被災者画家夫妻の原爆の図が丸物の五階に展覧され、各地の労働組合が被災写真の回顧展を歓迎するという声明を発表できるまでになった」と記している。こうした主人公に関する経歴や挿話は、宮川の経験をそのまま引用したものだ。

高橋は戦時中、四国に疎開していて戦災を直接体験してはいない。しかし、戦後帰り着いた故郷の大阪の街は一面の焼け跡と化していた。大阪の廃墟のイメージは高橋の脳裏に刻み込まれた。さらに学生時代に宮川から聞いた被爆体験と『原爆体験記』から、想像を絶する世界がこの世に存在したことを教えられた。

　宮川がまとめた『原爆体験記』には、ペン画の挿し絵が掲載されている。嘆き苦しむ少女の姿は、丸木夫妻の絵を宮川が模写したものだ。教会や時計台、学校の講堂など広島の焼け跡の風景は宮川自身がスケッチしたもので、原爆で廃墟となった広島が、宮川の見たままに描かれている。

　高橋は、宮川が描いた絵を学生時代に見せられると、「ちょっと借りる」と言って下宿に持ち帰った。その他にも、宮川が貸した原爆に関する資料とあわせて、結局最後まで返してもらわないままになってしまった。そうした資料が、高橋文学の原点とも言うべき長編小説『憂鬱なる党派』に生かされることになった。

　高橋は、宮川を通じて何を見たのだろうか。この問いかけに対する宮川の答えは、「本当の友情」である。

「ぼくは大体臆病だし、引っ込み思案で気が弱いけれど、高橋和巳も本質的には、そういうものを持っている。むしろ非常に内気ではずかしがりやで、人前で物をいうのもはばかるような、そういう性格じゃないかな」

　二人を引きつけたものは、そうした性格の親近感だったという。それぞれ違った文学理論を持ち、違った思想を持ちながら、小説家どうしで友情は生まれて、共通の文学活動ができる。それが高橋の理想だったと、宮川は考えている。そうでなければ、友人たちと文学サークルを次々と作り、議論に明け暮れることもないのである。

小説を書くという行為は、孤独な作業である。その孤独な作業に自らを投影する主人公として、高橋は被爆者を選んだ。それは、人間の内に秘めた可能性、言い換えれば、被爆者が新しい時代を切り開く人間であるという可能性を示したかったのではないか。被爆の悲惨な体験で閉ざされた人間の心を、友情でときほぐすことができるのではないか、そう思いたかったのではないだろうか。それが宮川の、高橋作品に対する解釈である。

「お互いの立場を認め、思想を認め、作品を認め、日常的にも友人として交流する。そういうつきあいがあってもいいじゃないか。そう考えたと思う。『憂鬱なる党派』というのは、彼のそういう試みが結局うまくいかなかったという報告じゃないだろうか」

その理解が当たっているかどうかは、高橋論にゆずるとして、この言葉は、宮川自身の気持ちそのものではないかと思われる。

宮川は、原爆によって心に傷を受けた人間を描こうとして、その願いはかなわなかった。だが一体、「本当の友情」とは何なのだろう。

その反対に「偽物の友情」があり、それに裏切られたからということではあるまい。お互いの自己をぶつかりあわせ、闘わせながら、それぞれの違いを乗り越えて築かれていく関係、それが友情というものであろう。宮川には、それがかなわなかった。その結果、文学仲間との友情も破綻をきたすことになった。

文学サークルの中心となるくらい面倒見が良いと同時に、わずかなことで過敏に傷つき、友人とさえうまくつきあうことのできなかった宮川こそ、「本当の友情」を探し求めていたのではないだろうか。しかし、まだ若かった宮川は、人間を最終的に信じることができなかった。友人たちに別れを告げた時、人と人との絆を、宮川は自らの手で断ち切ってしまったのだ。

のちに高橋が亡くなったあと、彼を追悼した文芸誌の特集号で、宮川は「私のなかの高橋和巳」と題して、次のように記している。

「高橋は広島の原爆に、異常なほど強い関心を示していた。私から、広島に原爆の投下された当時の話を聞き、また私の持っている原爆関係の資料は全部眼を通した。そして私に何度も何度も、『宮川、原爆をテーマに書けよ』と言ってくれた。だが、私が結局何時までも書かないものだから、高橋は彼なりに原爆をテーマにした小説を書いたのだ。

そして今、主人公西村が黒鞄の中に入れて歩いていたという、無名の被災者の記録。『憂鬱なる党派』とは別に、何かそんな記録をまとめてみろよ、と高橋が語りかけてくれているような気がする」

宮川の手には、原爆犠牲者に対する思いを詰め込んだ黒いカバンが、常に握られているのかもしれない。小説家を志したがゆえに、自らの内面を覗き込もうとした宮川は、少年時代の被爆体験を直視せざるを得なくなった。しかし、宮川とともにある死者は、あまりに無残な姿であり、生き延びた宮川を告発する。それに宮川は耐えられなくなったのではないだろうか。

やがて宮川は、黒いカバンに鍵をかけ、原爆に関する一切のことに口を閉ざすようになってしまった。

第八章　沈黙

一九五八年（昭和三十三年）、帰郷した宮川は見合い結婚し、男の子二人に恵まれた。勤め先は、堀を隔てて広島城の隣にある基町《もとまち》高校である。

広島の市立高校は、全日制の普通科が二校と、工業高校、商業高校が一校ずつ、それに定時制の商業高校が一校のあわせて五校だけである。一般の教員は、県立高校と人事面での交流はなかった。このため教員の異動も県立高校ほど多くはなく、宮川は定年で学校を退職するまで、結局三十二年間にわたって、同じ高校に英語の教師として勤務したのだった。

文学の道を断念した宮川は、一流の教育者になろうと全力を尽くした。

授業はもちろん、クラブ活動にも熱心に取り組み、一九六二年（昭和三十七年）にＥＳＳ・英会話クラブが発足すると、参与として、退職するまで指導にあたった。毎年の文化祭には英語劇を披露したのが、楽しい思い出となった。

とりわけ宮川が、教師生活でもっとも力を注いだのは、同和教育である。宮川は、それまで特に部落差別の問題に関心があったというわけではなかった。だが教え子の卒業生の中にも、就職や結婚で差別される人たちがいる。彼らの苦しむ姿を知って、宮川は怒りにかられた。

子どもの頃から、まわりの人たちに「ぼっちゃん」と呼ばれ、大切に育てられた宮川にとって、社会の現実の中で、それまで見えなかったものがあることに気づかされた。社会で虐げられた人たちが、今なお存在していることから目をそらしてはならない。差別された人たちの痛みは、本当に足を踏まれた者でなくてはわからない。人からつばを吐きかけられ、ののしられた人間でないと、本当の苦しみはわからない。宮川は、差別された人たちと知り合うことで、そんな痛みや苦しみを、自分の問題として真剣に考えていこうと思うようになった。学校の同和主任として各種の研修会などにも参加して、どこに問題点があるのかを明確に意識するようになった。

宮川が特に目をかけた生徒たちは、被差別部落出身ということで苦労したり、学校になじめずに非行をおかしたり、学力が低くて進級がおぼつかなかったりと、悩みや問題を抱えている子どもたちである。成績が良くて誰からもほめられ、悠々と希望する学校にストレートで入るような子どもより、むしろ挫折したり、失敗したりした子どもを受け入れて、力になってあげなければならない、そう思うようになった。

はたから見れば、宮川は教育長を父に持ち、京都大学を卒業したエリートである。しかし思い通りに希望を実現できなかった宮川にとって、弱い立場の子どもたちのことが気になって仕方がなかったのである。

一九六七年（昭和四十二年）には、推されて組合の委員長にもなった。広島市内の市立高校五校で作っている市立高等学校教職員組合である。広教組とは違って、日教組に加盟していない。占領軍の指示で結成されたという経緯もあって、被爆地の教職員の組合とはいっても、イデオロギー的な主張は薄く、平和運動を含めて政治的な活動はしないという不文律があった。

宮川は、父親が市の教育長も務めたことから、「宮川君は将来は校長、教育長の道じゃのう」と言う先輩や同僚もかなりいた。しかし組合の委員長を引き受けたことで、その可能性はなくなった。

その頃の市の教育委員会は、管理職への登用は試験ではなく、任命制だった。組合は教育委員会と対立していたわけではないのだが、委員長の経験者は管理職にはつかせないという、暗黙の合意もあったのだ。宮川は、委員長を断ろうと思えば断れた。しかし宮川の心の中では、将来管理職になるより、一生現場の教員のまま生徒と関わっていたいという気持ちのほうが強かった。

宮川親子は、京大を出て教員の道になるという、同じ道を選びながら、一方は校長から教育長になり、一方は部落問題や労働組合運動に取り組むことになる。そこには、宮川なりに、実力者の父親に対する反発もあったのだろう。しかし宮川は、その選択をしたことで、やがて自分自身の生涯のテーマを見つけ、長い時間をかけて掘り下げていくことになる。

とにかく穏健な組合だったから、普通なら何事もなく、委員長の仕事は終わるはずだった。しかし宮川が委員長に就任した頃、ひとつの大きな問題が持ち上がった。広島市でも、教務主任や生活指導主任などに主任手当てを出すという方針を教育委員会が打ち出したのだ。

すでに県高教組や広教組は、この問題で闘争を始めていた。宮川たちの市立高教組も、何らかの対応に迫られた。

新たな手当てを特定の一般職だけにつけることは、組合員の格差を認めることにつながる。ひいては主任が一般の教員を指導、監督するようになり、組織の根幹にも関わってくる問題である。執行委員会を開いた結果、まともにはもらわないようにしようということになった。その方法は、支給された主任手当てを組合にすべて拠出し、プールするというものである。

主任については「表の主任」と「裏の主任」を作り、表の主任は手当てを名目上受け取るだけの役割とし、実際の公務は裏の主任の仕事とした。組合として決めたこの方針を、校長が否定した。彼は県立高校の校長から基町高校の校長に転任して来ていたのだが、威圧的な態度に出た。

「せっかくみなさんの給与が増えるのだから、主任手当てはありがたく受け取りなさい。数人にせよ、今までの給与に上乗せされ、それは将来、退職金や年金にもはねかえるのだから、いいことじゃないか」

こんな調子で、交渉の場でも組合側の主張にまともに耳を傾けようとしない。何度言っても、同じことの繰り返しだった。

とうとう宮川が啖呵をきった。

「校長、あなたのような、かたくなな態度では、もう一切交渉はできない」

そう言って宮川は席を立ち、交渉の部屋を出ていってしまった。宮川はこの校長のことを、普段から官僚的で面白くない人物だと思っていた。それが、団交という重要な席でも、組合側に向かって横暴な言い方をするものだから、とうとう腹を立ててしまったのだ。

ふだんは温厚な宮川だが、実は、激しい気性なのだ。

「わし、一人かな?」

そう思って後ろを振り向くと、他の組合員もみな、宮川について出て来た。こうなったら実力行使もやむを得ない。別の教室に移って闘争をどうするか話した結果、あすから職員朝礼をボイコットしようということになった。

職員朝礼は、月曜と水曜、それに金曜の週に三回、一時間目の授業が始まる前に会議室で開かれる朝礼で、校長や教頭が教職員に様々な連絡や指示を伝える場だった。この朝礼を拒否しようというのである。

市立高教組は、それまで実力行使の闘争などは組んだことがなかった。宮川委員長の代になって、市立高教組始まって以来の本格的な闘争が始まったのである。ただし、その他の授業などは普段どおりである。もちろんクラブ活動の指導にもあたる。宮川は他の四校の組合員にも連絡をとって、五校全部で職員朝礼のボイコットが始まった。

当初は組合員の結束も固く、「主任手当ては一切受けないぞ」と意気盛んだった。しかし何分、こうした闘争はみんなはじめての経験である。数日すると、年配の教員たちが、「宮川さん、もうそろそろ矛《ほこ》を収めたほうがいい」と言ってくるようになった。

ボイコットを始めて一週間ほどたつと、執行委員会で「このままずっとがんばっていたってい い結果にはならないし、処分されてもつまらんじゃないか」という意見が増えてくる。さて、どうしたものかと頭を抱えていたところ、教職員課長が学校を訪れ、宮川と話をしたいと言ってきた。

「委員長さん、このままボイコットを続けてもらったら、教育委員会としてもこのまま手をこまねいて黙っているわけにはいかないのですが……」

「手当てはそのまま受け取るわけにはいかないので、組合でプールすることを認めるのなら、ボイコットをやめてもいいですよ」

委員長の宮川はこれまでの主張を繰り返した。すると課長は「そうして下さい」と言う。うまい具合に教育委員会の方から折れてきたのだ。処分も一切なかった。闘争は組合の勝利に終わった。そんなこともあって、宮川の指導力は組合員から信頼されるようになった。組合にプールされた手当ては、組合全体の事業を行なう資金にあてられ、奨学金などに利用されている。

では、被爆地としての平和教育に、宮川はどう取り組んだのだろうか。

基町高校の前身の市立中学校では、原爆で三百六十三人の犠牲者を出した。基町高校では平和教育の時間として、学期ごとに一時間のロングホームルームの時間をとって、市立中学校の生徒が被爆した状況を調べたり、原爆で死亡した生徒の肉親から話を聞いたり、あるいは原爆資料館の館長を招いて講演会を開いたりした。しかし宮川は、平和教育の指導をする時でも、自分自身の被爆体験はもちろん、自分が被爆者であることさえ触れなかった。

宮川は、三十二年間の基町高校での教員生活の中で、自分が被爆者だと言って話したのは、一回か二回しかない。それもいよいよ退職の直前になって、やっと一言、平和教育の時間で触れた程度である。

学生時代には『原爆体験記』まで作った宮川だったが、広島に帰ってからは、被爆者であることを誰にも言わずに過ごした。

広島市立第一高等女学校の校長だった父、造六の苦しみの大きさがわかるようになってきたことが、その最大の理由である。

『原爆体験記』を作った仲間の一人の塩伸一は、一九八〇年（昭和五十五年）八月に広島で宮川に再会し、市立高等女学校の原爆慰霊碑の前を偶然通りかかった時、あの時の校長が宮川の父親なのだと聞かされた。市立第一高等女学校の悲劇は、塩も知っていた。しかし宮川は、それまで一言も、そのことを塩に言わなかった。

「やはり宮川なりの苦悩があったのでしょうね」と塩は話す。

「生き残った人間が、ああだった、こうだったと原爆のことを話すのに対して、快く思わない人たちが広島では多い」と宮川は言う。

「親を亡くしたのだ。原爆のことには触れたくない」

「子どもを亡くしたのだ。あんなことは思い出したくない。もう二度と考えたくもない」

そうした人たちの思いを宮川は敏感に感じ取った。中には東京に行って「広島へは二度と戻らんぞ」という人までいる。そういう人から見れば「広島でうれしそうに〝被爆体験〟なんかしとらあ」と言いたくなる気持ちが察せられた。文化の街、京都で「ヒロシマ」を語ることと、広島で「ヒロシマ」を語ることの違いが、宮川の胸に重くのしかかっていた。

広島で教師をしていると、子どもを原爆で亡くした人たちと話をする機会が度々ある。そんな時、宮川は自分の無力さを、どうしようもなく感じるのだった。死者を思うといっても、自分には限りがある。他人ごとである自分が許せない。

「子どもを亡くした親の気持ちにはなれんなあ」

そんな後ろめたさが湧き上がってくる。

「自分の体験は、原爆の体験としては、まだまだ周辺のごく表面的なことで、苦しみなんてほとんど味わったことのない恵まれた経験でしかない」

果たしてそんな自分の体験が、語るに値することなのか、平和教育の際にも自問を続けながら、結局自分自身のことについては何も話さないままで終わっていた。広島の被爆者団体に接触しようという気も起こらなかった。宮川は、それ以上は語らない。しかしそれは、広島の被爆者とつき合うようになると、原爆で傷ついたまわりの人々との絆を断ち切ろうとした自分自身を問われることになる——そう無意識の内に感じ取っていたのではないだろうか。

宮川が、学生時代にまとめた被爆体験記は、時代に先駆けた取り組みである。核廃絶を呼びかけた、宮川の檄文とも言ってよい文章は、時代を越えて普遍的な意味を持っている。

しかし、広島以外の場所で原爆の悲惨さを語る時と、広島で語る場合には、大きな違いがある。広島以外の場合、どうしても「ヒロシマのみなさん、ガンバレ！」という第三者的な応援になってしまう部分がある。理念的にならざるを得ないと言っていいかもしれない。

しかし広島では、自らの被爆体験に加え、多くの生徒を死なせてしまったという父の思い、犠牲となった生徒の肉親の悲しみ、それを宮川は身をもって直接受けとめねばならない。

宮川の親友だった高橋和巳は、その死を予感させるタイトルの著書『我が解体』を出版して二カ月後の一九七一年（昭和四十六年）五月、ガンのため三十九歳でこの世を去った。結局宮川と高橋とは、一九五九年（昭和三十四年）に、旅先の和歌山で別れたきりとなってしまった。東京の青山斎場で葬儀が行なわれることを知って、よほど出席しようかと思ったものの、どうしても心が決まらない宮川だった。

高橋が亡くなった年の六月十九日、京都のホテルで大学時代の友人たちが中心となって、高橋を追悼する座談会を行なうことになった。強く誘われた宮川は、ようやく出席を承諾し、十二年ぶりに旧友たちとの交流が復活した。しかしその交流は、かつてのようにお互いを切瑳拓磨するものではなく、穏やかに旧交を温めるものであった。

宮川にとって青春のシンボルでもあった友人の死という事実を受け入れることで、青春の日々を、ようやく振り返ることができるようになった。

しかし、原爆の問題は別だった。旧友たちにも、勤務先の学校でも話すことはなかった。結局宮川は、三十年間にわたり、自らの被爆体験について沈黙し続けたのだった。

第九章　語り継ぐ被爆体験

被爆の問題については心の整理ができていなかった宮川だったが、その一方で同和教育に対する取り組みは、熱を帯びてきた。部落問題に関する講習会や研究大会には欠かさず出席した。基町高校では、一九六八年（昭和四十三年）に広島地区高等学校同和教育推進協議会の事務局が置かれたことをきっかけに、同和教育に関する取り組みが本格的に始まった。まもなく宮川は同和主任となって、基町高校の同和教育を中心的に担うようになった。

部落問題に対する知識を深めた宮川は、部落差別の問題だけでなく民族差別の問題にも目を向けるようになった。学校の生徒にも韓国、朝鮮籍の生徒がいて、卒業後の就職などで差別を受けていたからである。宮川は同僚の教員に呼びかけて韓国、朝鮮の歴史と日本との関係に関する研修会を開いたり、生徒を対象にした民族差別問題に関する講演会を開いたりした。

こうした中で宮川は、在韓被爆者に被爆者手帳を取得してもらう運動に関わるようになった。被爆者手帳は、日本国内でしか効力はないが、体調を崩した時には来日すれば、先端治療を日本人の被爆者と同じように受けることができる。しかし手帳を取得するためには、被爆者であるということを証明する二人の証人が必要で、しかもその内の一人は日本人であることが求められる。韓国にいる被爆者にとって、手帳の取得は困難だった。そこで、市民グループが協力し、韓国から来る年老いた被爆者が手帳を取得する手助けをしようというものである。

その頃は韓国の被爆者に対する関心もまだ低く、日本はもちろん韓国でも、社会からほとんど忘れ去られた存在だった。宮川は、そういう市民グループがあることを知ると、少しずつ協力するようになった。

宮川も被爆者手帳を持っているが、これまで大病にかかったことはない。しかし貧困に苦しみ、その上原爆症にかかった在韓被爆者の現実を少しずつ知るにつれ、人ごととは思えなくなってきた。

苦しむ人たちがいるのに、彼らをそのままにして、見過ごすわけにはゆかない。ただそれだけなのである。それは部落問題を踏まえて宮川が得た、差別された人々への共感である。その共感を呼び起こしたもの、それは心の奥底に沈んでいた宮川の被爆体験であろう。

家族を守ることに精一杯で、宮川は、苦しみながら死んでいった人たちを、誰一人救うことができなかった。それは思い出したくもない過去である。しかしその体験が、いつ、どんな場合にも、宮川の思考の背骨となっていた。

やがて還暦を迎えようとしていた宮川は、広島電機大学付属高校で国語を教えている豊永恵三郎と知り合った。きっかけはやはり、同和教育である。

研修会などの席で顔見知りとなっていて、宮川より七歳年下だが、同和教育に対する深い知識を持ち、宮川が内心ひそかに注目していた人物である。話を交わす内、豊永も韓国にいる被爆者を救援する活動に取り組んでいることがわかり、共感が深まった。やがて宮川は、豊永に協力を申し込まれた。英語の通訳を頼まれたのだった。

豊永は、韓国の延世大学医学部に在学する韓国人の研究生から、広島で原爆症の治療を受けている在日韓国人の聞き取り調査をしたいと、通訳の協力を依頼されたのだ。治療を受けている在日韓国人の多くは、日本語しか話せないからである。この韓国人研究生は日本語はわからないが英語は話せる。そこで英語の堪能な宮川に白羽の矢がたったのだ。

韓国人被爆者の救援対策に関心を持ち始めていた宮川は、少しでも役に立つのならと、豊永に協力することにした。

今の日赤病院、その頃の原爆病院へ一緒に行き、ベッドで寝たきりの在日韓国人のおばあさんから日本語で話を聞き、英語に通訳して彼に伝えるのである。

他に民間の比較的大きな病院にも出かけた。先代の院長は朝鮮半島で育ち、京城大学医学部出身だった。そんな縁から韓国の被爆者に理解のある病院である。この病院でも通訳した。宮川が四十年近く前にした被爆者の聞き取り作業を、今また韓国の青年がやろうとしていた。

こんなことから豊永と宮川は親しくなった。韓国の被爆者とも、徐々にうち解けた。

韓国の被爆者が広島へ来ると、宮川はその度に、彼らを車で運んだり、病院へ連れていってあげたりした。被爆した韓国人は、戦前、戦中に日本の植民地であった朝鮮半島から連行されたり、職を求めたりして日本へやって来た。職場では厳しい労働環境に置かれ、食べる物も不十分だった。

日本の敗戦後、韓国に帰っても「日本帰り」と同胞から差別され、さらに被爆者であることがわかると、結婚や就職で差別を受けた。彼らは何重にも差別された存在である。そんな韓国人被爆者だが、言うまでもなく同じ人間なのだ。宮川は彼らと接するようになって、自分が内面から少しずつ変わっていくのを感じるようになった。

「戦前から手ひどい差別を受けながら、たくましく生き抜いてきた韓国の被爆者たちと同じ時代に生きている。それなのに、これまで自分は沈黙を守るだけで精一杯だった」

そんな気持ちが宮川の心に少しずつ芽生えるようになった。

やがて宮川は豊永から「ヒロシマを語る会」に入らないかと誘われた。被爆体験を語るボランティアのグループである。修学旅行で広島に来る学校から「被爆体験を話して欲しい」と、依頼が殺到している。その頃、「ヒロシマを語る会」のメンバーは二十六人いたが、とても手が足りず、応じきれないというのだ。

「ヒロシマを語る会」が結成されたのは一九八四年（昭和五十九年）のことである。その前の年に、大阪から訪れた修学旅行の高校生たちに被爆体験を語ったのがきっかけだった。

男子生徒の多くはブレスレットなどを身に着け、女子生徒は厚い化粧で派手な服装がほとんどだった。いわゆる「荒れた学校」である。それでも学校の教師たちは、学園生活最後の思い出となる修学旅行を何とか有意義なものにしようと、目的地を広島にした。

教師たちは何回も広島に足を運んで被爆者に協力を求め、豊永たち十五人の被爆者が集まった。それまで、被爆体験など語ったこともない人たちばかりである。夜になると、その日の宿となった旅館の各部屋にわかれ、生徒たちと膝を突き合わせて、それぞれの体験を語り始めた。

当初はざわついて落ち着きのない生徒たちだった。しかし被爆者が八月六日に目撃したことや、自ら傷ついたこと、その後の人生で受けた差別、病気の苦しみや原爆症の恐怖などを淡々と語る内、生徒たちは首をうなだれ、じっと話に聞き入った。被爆者の話が終わると、生徒たちから質問が相次ぎ、予定していた時間を大幅に上回った。

会が終わると生徒たちは、体験を語った被爆者に駆け寄り、握手を求めた。涙ながらにありがとうと、感謝の言葉を述べる女子生徒もいた。

表面はつっぱっているように見える高校生たちだったが、被爆者の体験を、素直な心で受けとめてくれた。この経験を踏まえ、豊永たちは、修学旅行生を迎える会を作ることを決めたのだった。こうして結成されたのが「ヒロシマを語る会」である。

被爆体験を語って欲しいという申し出に、宮川は躊躇した。

長年にわたって口を閉ざしてきたのだ。父が抱き続けた負い目を、負の遺産として受け継いでいる。それに被爆したのは爆心地から二キロ以上離れたところである。親や子を亡くした人のような痛切な語りができるわけがないと思う。現代っ子に聞いてもらえるだろうかとも考えた。

しかし豊永たちの取り組みを聞く内、自分も何か手伝いをしたいと考えるようになった。

「とにかく、会の人たちが集まった時に、いっぺん顔を出してくれないか」と頼まれ、「ヒロシマを語る会」の会合に出席した。その時、不思議な巡り合いがあったのだ。宮川より二十歳年上の小倉醇《じゅん》である。

小倉は親指だけを残して両手の八本の指を失っていた。原爆のためかと聞くと、そうではなかった。不良少年だった小倉は家出をして各地を放浪し、ある時、信州の霧ヶ峰で自殺しようとしたが死にきれず凍傷で指を失ったのだ。その後北海道で漁船の船員をしたり、労務者をしたりして暮らしたが、被爆した時は広島の刑務所で服役していた。原爆が投下されたあとは、看守が監視する中で遺体の収容作業にあたったという。その小倉が、宮川に懐かしそうに話しかけてきたのだ。

事情を聞くと小倉の父親は、宮川の父の造六が校長をしていた市女で、以前、教頭をしていたという。また小倉と宮川は若くして実母を失い、苦労したという境遇でも共感するところがあった。

「これも何かの縁でしょう」

お互いそんな話をしている内に、宮川はあとに引けなくなってきた。

この話が持ち込まれる少し前に、宮川は市女の関係者から次のような話を聞いていた。それは娘を亡くした市女の遺族が、東京からの修学旅行生に会ったというのだ。証言したのではなく、会ったという言葉を使ったのには意味がある。

自身は長崎の被爆者である東京の中学校の教諭が、修学旅行で生徒たちにぜひ被爆者の話を聞かせようと思い立った。そこで、広島の学校で最大の犠牲者を出した市女の関係者に連絡をとり、その頃たまたま遺族会の役員をしていた坂本文子に直接会って依頼したのだ。

坂本は、息子と娘の二人の子どもを原爆で亡くしている。「とても話す気にはなれません」と断った。

「私は原爆というものが、どんなに無残なものか、骨身にしみているけれど、しかしそれを人に話すなんて、とてもそんな気にはなれません」

しかしその先生は、「話をしていただかなくともいい。とにかく生徒たちにあなたの顔を見せて欲しい」と粘って頼み込んだ。根負けした坂本は、話はできないかもしれないという条件で承諾した。やがて修学旅行の生徒たちが、平和公園を訪れた。

市女の慰霊碑の前へ生徒が集まっているところに、坂本が姿を見せた。坂本は、せっかくだからと何か話をしようとしたのだが、ちょうど生徒たちが、亡くなった自分の娘と同じ年代なものだから、生徒を見ただけで胸がいっぱいになり、もう何も言えなくなってしまった。それが生徒たちに、数百、数千の言葉よりも、強烈な印象を与えたのだという。

原爆で子どもを亡くし、悲しみに打ちひしがれていた彼女でさえ、子どもたちの前に出る勇気を持っていた。実は、坂本と宮川は、家族どうしでのつき合いもあり、以前から顔見知りの間柄だった。

市女の犠牲者の母親が、証言に協力している、その事実がなかったら、宮川は「ヒロシマを語る会」に入ったかどうかわからない。「たぶん辞退しただろう」とも言う。しかし彼は坂本のことを思い出し、小倉の姿を目の前にすると、これも父の導きだろうかと思えて来た。

こうした経緯があって宮川は、被爆体験を語り継ぐ活動に参加した。一九八九年（平成元年）三月のことである。宮川は、間もなく六十歳を迎えようとしていた。

会の活動は、修学旅行で広島を訪れた生徒たちが宿泊する旅館やホテルに出かけ、被爆体験を語るというものである。

「語りたくない」という自分の気持ちに、どうしようかと迷いながら、それでも宮川は語り始めた。

一回目の語りを終えた時の気持ちを宮川は、「マイナスの気持ちの方が強かった」と言う。

「やっぱりやめた方がよかったのだろうか」とも考えた。

しかし、宮川の話を聞いた一人の女子中学生が、こんな手紙をくれた。

「私は宮川さんのお話の中で『原爆で死んでいった人たちに、うしろめたい気がする』といった内容のことが印象に残りました。今までも私たちはいろんな方たちから原爆のことについてお話をうかがいましたが、そういったお話は聞いたことがなかったのです。宮川さんのお話はとても私の心に残りました」

宮川の「うしろめたい気持ち」には様々な意味が込められている。多くの人々が亡くなったのに、宮川の家族は生き延びた。生き残っても身体や心の傷が癒せないたくさんの人々がいて口をつぐんでいるというのに、自分の体験を語ることで、これが原爆のすべてだと誤解されたりはしないだろうか。果たして自分の話に価値があるのだろうか。「ヒロシマを語る会」は、あくまで自由参加の団体である。うまく話せないという理由で会をやめる人もいる。思想と信条をお互いに認めあうことが原則であり、事実そう運営されてはいるのだが、それでも反《そ》りがあわないと退会する人もいる。会として無理に引き止めることもない。だが宮川はやめなかった。

確かに「原爆については語りたくない」という気持ちが、三十年間にわたって宮川を支配してきた。しかし被爆の体験を語り始めた今、押さえきれない思いが、胸に湧き上がってくるのを宮川は感じていた。

小説家の福永武彦は、被爆者を主人公とした小説『死の島』の中で、被爆者には二種類の人がいると主人公に語らせている。

一方の人たちは、自分たちの体験は絶対のもので、原爆の恐ろしさをいくら叫んでも叫び足りることはないと思っている。自分たちには証人としての立派な存在理由があるのだから、あくま

修学旅行の子どもたちに被爆体験を語る宮川。1997年（平成9年）6月

で傷跡を示して、原爆を呪い続けねばならない。二度と戦争がない世の中にするために叫び続ける必要がある、それを義務と考える人々である。

これに対してもう一種類の人たちは、原爆を呪っていることには変わりはないけれど、なんとかそれを忘れたい、自分たちが被爆したこともできれば忘れてしまいたい、自分一人をも救えないのだから、他人を救おうとする運動なんかできるはずがないと考えている人々だという。

あえて言えば、宮川は、このいずれにも属さない、第三の種類の被爆者と言えるだろう。宮川の沈黙を破らせた最大の動機は、原爆で亡くなった人々に対する鎮魂である。

宮川も、核兵器が廃絶され、戦争のない世の中になることを心から願っている。しかし、彼が語りはじめたのは、そのためではない。自分たちの家族だけが生き延びた、そのことに対して、亡くなった人や、家族を失った人々に言い訳ができないという気持ちが原点にある。原爆の一番悲惨なところ、一番非人間的な恐ろしさには関わっていないという気持ちが、宮川をさいなんできた。

親を亡くしたわけでもなく、遺体の中をかきわけて肉親を探したわけでもない。そうした宮川の証言は、他の被爆者の語りと比べて、どちらかというと、自分の内面を語るという内容になっている。そこにあるのは、自分だけ生き残ったという罪の意識である。だから、宮川にとって、被爆体験を語るということは、ある意味で、死者に対するつぐないの行為なのだ。

戦争を知らない若い世代に、自分の体験を伝え、今後二度と戦争が起きないよう人類の未来にひとつの力を注ぎたいという気持ちも、もちろんある。しかしより多くは、贖罪的な意味なのだ。

「死者の気持ちを代弁するというか、死者をそのままに死なせはしないという気持ちのように思います」

語り始めた気持ちを、宮川はそう語った。同時に宮川は、それまで探しても見つからなかった「本当の友情」を、そこではじめて得られたのではないだろうか。高橋をはじめ、文学仲間との交流では得られなかった、心と心の触れ合いを、広島の人たちの心に飛び込むことで、ようやくつかむことができたのではないだろうか。

そこには、宮川の重荷となっていた被爆の体験、即ち両親以外のまわりの人を誰も助けることができなかったこと、たくさんの生徒を死なせたという父の思い、亡くなった生徒の肉親の思い、そうしたたくさんの気持ちを、否定するのではなく、そのまま受けとめてくれる人々がいる——それが死者への贖罪へとつながってゆく。それが、ヒロシマの絆ではないだろうか。

組合活動に関わり、同和教育に取り組み、そして韓国人被爆者を支援するという地道な活動を通じて、宮川は社会の歪みが少しずつ見えるようになった。被爆した時、宮川が出会った人々のことを自分の胸の内にしまい込んでしまっていいのか。彼らのことを無にしてしまってよいのだろうか——自分の被爆体験を話したい、語っておかねばならないという強い衝動が、湧き上がってきたのだ。

そんな宮川の複雑な気持ちを、子どもたちは純粋に受けとめてくれた。宮川の語る被爆体験には、長い沈黙の重みがあった。

文学を職業とすることはできなかったが、宮川は文学者の目で少年時代の体験を振り返り、眼にした事実は事実として、そして少年の胸に宿った悲しみや憤り、そして悔やみの気持ちなどを率直に語った。

宮川は被爆の証言を何回も何回も語る中で、少しずつ原爆のことを冷静に捉えられるようになっている自分に気がついた。

宮川は証言をする度に、話す内容に変化をつけて、同じ話の単なる繰り返しにならないよう工夫した。それは話す相手の年齢によって、理解したり、共感できたりすることも、幾分違うと思うからでもある。だがそればかりではない。証言を重ねる中で、原爆投下の事実を、自分自身が再発見するからである。そして自分が見た原爆を改めて思い起し、様々な角度からもう一度、原爆そのものについて考えてみたいと思うからなのだ。

「ヒロシマを語る会」のまとめでは、一九八四年（昭和五十九年）から一九九九年（平成十一年）までの十六年間に受け入れた学校や団体は延べ二千九百団体あまり、証言を聞いた人は、高校生を中心にあわせて四十三万八千人以上に上っている。最近では年間に約百五十校、二万人前後を受け入れている。

これに対し一時は二十六人いた語る会の会員も四人が亡くなり、病気の人もいて、実際に活動できるのは十七人である。聞いて楽しい話ではないことはわかっている。しかし彼らは、あの日を生き残った者としての義務感に支えられて、自らの体験を語るのだ。

現在、広島市周辺で被爆者手帳を持っている人は約九万人。その内、被爆体験を語り継ぐ活動に参加している人は、「ヒロシマを語る会」をはじめ被爆者団体や広島市の平和文化センター、それに教職員組合に所属している被爆者の中の、あわせて百人ほどしかいない。県外から訪れる人は、原爆資料館を見学し、被爆者の体験談を聞くと、広島の人々が、原爆の悲惨さについてきちんと語り継いでいると感じることだろう。しかしこうした活動に協力している被爆者は、被爆者全体のわずか〇・一パーセントという、圧倒的な少数派なのである。

平和文化センターなどの呼びかけで、地域の学校や公民館で、自分の被爆体験を語ろうという人も少しずつ出てきてはいる。しかし被爆者の高齢化が進む中で、自らの体験を語り継ごうとしている人たちは、あまりにも少ないのである。宮川の中学校時代の同級生など被爆した友人も、その体験を語っている者は誰一人いない。体験を語り継いでいる、限られた被爆者に対する負担は、増すばかりである。

宮川は六十歳を迎えると、それまで勤めた高校を定年退職した。その後、地元の大学や予備校で英語の講師を務めている。その傍ら、宮川は自らの体験を語り続けている。

第十章　海峡を越えて

一九八九年（平成元年）五月、宮川ははじめて韓国を訪れた。「日韓被爆者交流会」の一員としての訪問である。宮川を「ヒロシマを語る会」に誘った豊永が、一九八八年（昭和六十三年）に訪韓したのが発端だった。

豊永は、韓国人被爆者の救援寄金を贈るため韓国を訪れたところ、大邱《テグ》に住む韓国人被爆者から、「被爆二世が交流しているのだから、われわれ一世の被爆者も交流しよう」という提案を受けた。そこで豊永は「ヒロシマを語る会」に諮《はか》り、交流会を発足させたのだ。宮川は、韓国人被爆者の支援活動から被爆者運動に関わるようになっただけに、この取り組みには大賛成である。

第一回の「日韓被爆者交流会」には、「ヒロシマを語る会」の会員を中心に十三人が参加し、一九八九年（平成元年）五月二日から五日間の日程で大邱と釜山を訪れた。韓国では韓国原爆被害者協会釜山支部の会員が出迎えてくれた。二度にわたって交流会を開き、日本側と韓国側が一対一、または二対二の小グループにわかれ、それぞれの体験を話し合った。

翌一九九〇年（平成二年）に行なわれた二回目の「日韓被爆者交流会」には市民団体の「アジ

第三回日韓被爆者交流会で韓国人被爆者から聞き取り作業。右が宮川。1991年（平成3年）、於・韓国原爆被害者協会釜山支部

ア・太平洋地域の戦争犠牲者に思いを馳せ、心に刻む会」の会員も加わって十二人が訪韓し、参加者は個別に韓国人被爆者と話し合った。

一回目の交流会で、宮川は金文成《キムムンソン》の聞き取りにあたることになった。金は一九三八年（昭和十三年）生まれで、その時五十一歳。在韓被爆者の一人が、話を通訳してくれた。今は電気器具の修理が仕事で、二人の子供がいる。小さな店を構えているが、コードの切れたのを直したり、ソケットを付けたりする仕事ばかりで、生活は厳しいという。金は八歳の時、広島で被爆した。左足の形が変わり、いまでも傷口から膿が出る。国立医療院に行ったが、韓国では治すことができないと言われた。日本で治療を受けたいとは思うものの、家族を後に残しては広島へは行けず、そのままとなっている。

宮川は、金のほとばしるような韓国語の口調に、これまでの苦しみと怒りが込められているのを感じた。

その夜全員で会食した折り、自然と参加者の口から歌が出た。日本語の話せない金だが、小学校で覚えたという歌を日本語で歌った。

「今日も学校へ行けるのは
兵隊さんのおかげです
お国のために、お国のために戦った
兵隊さんのおかげです……」

韓国の被爆者は、何重もの差別や迫害を受けてきた。日本では、植民地の民族として、また韓国に帰ってからは日本からの帰国者で、しかも被爆者だとして。さらに金は原爆の傷跡に肉体的にも精神的にも苦しめられていた。金の歌を聞いた時のことを宮川は、交流会の記念誌に次のように記している。

「韓国を併合し、中国を侵略し、東南アジアを占領し、数限りなく多くの人々を傷つけ殺した日本軍国主義の尖兵たちを——金さんを含めて韓国の人々を貧困の中に陥れ、差別の中で苦しめ、多くの命を奪った日本の軍人を賛美する歌を歌う金さんの姿を見て、私たちは言葉を失った」

翌年の交流会でも、食事の席で年老いた在韓被爆者から日本の歌謡曲や童謡が聞かれた。「旅姿三人男」を威勢よく歌う男性や「湖畔の宿」を情緒たっぷりに歌う女性。「椰子の実」や「叱られて」といった童謡も人気があった。声をあわせて歌う韓国人被爆者たちは、苦しく辛かった青春時代をひたすら懐かしがっているようだった。

宮川は、少しずつ、在韓被爆者の心情がわかるように思えてきた。

「この賑やかな、日韓入り交じっての祝祭の中で、私は理解したのだった。韓国の年老いた被爆者たちにとって、彼らの青春とは、苦しく悲しく、そして悔しい、差別され、痛めつけられながら、過ごした日本での日々だったのである。あの時、それ以外には知ることも覚えることも許されなかった日本の歌、日本人の作った歌だけが、彼らの青春の燃える思いを受けとめてくれたのだ、ということを」

日本人は、隣人であり友人であるべき韓国、朝鮮の人々に、何という残酷な支配を行なったのであろうか。

在韓被爆者は「韓国では原爆のことをわかってもらえない」と嘆き、「生きている内に支援を」と日本側に訴えている。このつぐないはどうしてもしなければならない。少なくとも自分でできる限りのことをしようと誓った宮川だった。

最初の年の訪問で、交流会も和やかな内に終わり、宮川たちがマイクロバスに乗り込んでバスの窓から「またお会いしましょう」と手を振った時のことだった。

「だますなよ！」

在韓被爆者の一人から、痛烈な一言が投げつけられた。それまでの温かい雰囲気も吹き飛んだ。宮川は、この言葉に二つの意味が含まれていると直感した。

ひとつは、日本が一九一〇年（明治四十三年）の韓国併合以来、韓国・朝鮮を踏みにじるような政策を続け、戦後も在韓被爆者に対する援助も含めて韓国へ十分な支援をしていない、いや韓国を依然として踏みつけにしている、日本という国家に対する批判である。

もうひとつは日本人に対する不信感である。例えば日本のマスメディアは韓国人被爆者を次々とインタビューし、写真を撮り、テレビで放映したり、新聞や雑誌に載せたりしながら、取材が終わると手紙一本寄越すことすらしないと聞かされた。

宮川は、日本へ連れて来られて被爆し、祖国に帰っても苦しんでいる在韓被爆者のことが、同じ被爆者として、そして同じ人間として他人ごととは思えない。彼らに幸せになってもらわないと、日本人の幸せもなく、もっと言えば、日本人が生きる資格すらないと思っている。しかし、現実の社会の中で宮川が感じることは、韓国、朝鮮人問題というのは、やはり日本人にとってタブー視されることが多いということである。

日本人の被爆者と話をすると、「韓国人のことを考えるなら、まず日本人の被爆者の様々な問題を解決する方が先じゃないか」と暗黙の内に、時にははっきりと言われる場合が少なくない。「ヒロシマを語る会」のメンバーで、韓国行きを希望する人も、年を追って徐々に減っていった。

もちろん肉体的な、あるいは経済的な負担が重いという理由もある。しかし、それだけではなく、同じように被爆体験を語り継ぐ活動に取り組んでいる人々の間でも、韓国、朝鮮人被爆者の問題になると、意識に違いが出てくるのだ。しかし宮川は、この問題で彼らを責めたりはしない。一人一人が自分の責任で考え、行動するのが、「ヒロシマを語る会」の決まりであり、最も大切なことなのだ。

宮川は、韓国人の被爆者と交流を持つようになって、彼らが被爆者健康手帳、いわゆる原爆手帳を取得する世話に、本格的に関わるようになった。被爆者手帳を持っていれば、日本国内では、無料で病気の治療が受けられることになっている。

手帳を取得できる条件は、第一に原爆が投下された時、広島市、長崎市とその周辺の町や村で被爆した人、第二に、原爆が投下されてから二週間以内に爆心地からおおむね二キロの区域に立ち入った、いわゆる入市被爆の人、第三に、その区域外であっても、多数の原爆犠牲者の遺体処理や、被爆者の救護活動にあたるなど、放射能の影響を受けるような事情のあった人、それに以上の条件に該当する母親の胎内で被爆した人のいずれかに該当する場合である。

手帳の交付を申請する際には、被爆当時の状況を詳しく記した書類とともに、申請者が被爆者であることを証明する、三親等以内の親族を除いた二人の証人が必要とされている。この証人についてて、以前は手帳の取得者以外でも認められていたが、現在では、証人は原爆手帳を取得している人に限られるようになっている。

原爆投下から時間がたつにつれて、日本人の被爆者でも二人の証人を見つけるのは年々難しくなっている。外国人の場合はなおさらである。しかも二人の証人のうち、少なくとも一人は、日本人でなければならないのだ。

一九九一年（平成三年）八月二十五日、宮川たち「ヒロシマを語る会」の会員五人を含む十五人が、その年の韓国での交流活動を終えて帰国した時、釜山在住の金重基《キムジュンキ》が、広島に一緒にやって来た。原爆手帳を取得したいという金を、宮川たちは支援することにしたのだ。その時まだ、金を被爆者だと証明してくれる証人が、見つかっていなかった。

金は、現在の翠町中学校、当時の広島第三高等小学校第二学年に在学中、宇品の熊平製作所に勤労動員に出ていた。

熊平製作所は現在では、銀行などに納入する金庫などを作っている会社だが、戦時中は兵器の部品を作っていて、金はこの製作所で被爆したという。宮川は金を伴って、その頃彼が住んでいたという皆実町三丁目を尋ねてみた。しかし町の様子は、様変わりしていて、その頃を知る人を見つけることはできなかった。

次に宮川は、翠町中学校を訪れた。翠町中学校では、長屋教頭が会ってくれて、金の被爆当時の思い出話を聞いてくれた。翠町中学校には残念ながら、一九四七年（昭和二十二年）以前の卒業生の名簿は残されていなかった。

しかし金が通っていた皆実小学校を訪問すると、卒業生名簿に金沢重基という、金の日本名を見つけることができた。その名簿を元に同級生に電話で連絡を取ると、数人が金のことを覚えてくれていた。こうして金は、無事、原爆手帳を取得することができたのである。

その後金は、在韓被爆者協会釜山支部の推薦で、渡日治療を受ける韓国人被爆者の一人として来日し、広島市の河村病院に三カ月間入院して治療を受けた。

結核を患ったことがあり、心臓や肝臓も悪く、韓国では医者から長くは生きられないと言われて、一時は本人も覚悟をしていた。しかし、日本での治療の成果もあって、なんとか体調を持ち直した。今では宮川が韓国を訪れるたびに、友人としてお互いの無事を喜び会う仲間の一人である。

一九九四年（平成六年）十一月、知人の紹介で、ソウル市在住の許鐘順《キョチョンスン》という女性が宮川を頼ってきた。原爆手帳を取得したいので手助けして欲しいという。彼女は日本名を大島藤子といい、広島第二高等国民学校を一九四五年（昭和二十年）三月に卒業し、国鉄に勤労奉仕に出かけていて被爆したというのだ。

翌日、許を車に乗せて、第二高等国民学校の後身である広島市立観音中学校に出かけた。中学校では、宮野校長が熱心に対応してくれたが、戦時中の卒業生名簿は、原爆で焼失してしまっていた。

一九四五年（昭和二十年）九月頃に、生存していた職員が、被爆当時の在学生の住所と氏名をクラス別に記録したものが残されてはいたのだが、その中に許の名前はなかった。許は、すでに卒業していたからである。

一九四四年（昭和十九年）、高等小学校二年生の生徒たちは、観音町にあるいくつかの工場に動員された。許は、昭和金属という鋳物工場に働きに出たが、あまりに辛い仕事のため、父親から校長に頼んでもらい、第二高等国民学校の女生徒が何人か働いていた国鉄に配置替えしてもらった。

許は国鉄で働きながら、一九四五年（昭和二十年）三月に卒業したあと、試験を受けて国鉄の職員に正式に採用され、広島駅の車掌区に配属された。「許は家族や学校の先生から大切にされていたのだなあ」と宮川は内心うれしく感じた。中学校では親切に調べてくれたのだが、具体的な手がかりは得られなかった。

さらにその翌日、宮川は最後の望みをかけて、ＪＲ西日本広島車掌区に、許を連れていった。改札口を抜けて、すぐ左手にある車掌区の部屋に入った。

「昭和二十年八月頃、ここで働いていた大島藤子が、ここに勤めていたという証明が欲しいのですが」

受付の職員に訪問の趣旨を告げながら、ふと奥を見た。正面の管理職らしい席に座っている職員と目があうと、どちらも驚いて「やあ」と声をかけあっていた。

一九五九年（昭和三十四年）に宮川がはじめて担任を受け持った学年の卒業生、岡野恒だった。その時宮川が部長をしていたサッカー部の選手で、卒業後もＯＢ会でたびたび顔を会わせる仲だった。岡野から渡された名刺には、西日本旅客鉄道株式会社広島車掌区庶務総括助役とある。広島駅の車掌区の責任者となっていたのだ。

「先生、何のご用ですか？」と言う岡野に、事情を説明した。岡野はさっそく部下に命令し、やがて「大島藤子に対して国鉄広島車掌区列車手を命ず」という昭和二十年四月一日付けの辞令を探し出してくれた。証人にかわる書類として、その辞令をコピーしてもらい、許は市役所から原爆手帳の交付を受けることができたのだった。

韓国人被爆者の手帳探しを援助してくれるということで、宮川に対する依頼が増えてきた。

一九九五年（平成七年）八月、釜山で開かれた交流会に、鄭一鳳《チョンイッポウ》という男性が出席し、彼から「手帳の取得を助けて欲しい」と頼まれた。実は、この鄭について、前年から知人を通じて、証人探しの協力を依頼されていたのだが、忙しさからつい、そのままになっていたのである。しかし、二度も頼まれては、断るわけにはゆかない。宮川は、本格的な証人探しを始めた。

鄭は、前回の証人探しをした許と同じ、広島第二高等国民学校、今の観音中学校の卒業生だった。被爆当時の在学生の住所と氏名をクラス別に記録した名簿を見せてもらった。すると今回は、第二学年第十六学級脇田学級の名簿の最後に、鄭一鳳の日本名、松山一鳳の名前を見つけたのである。

　宮川は脇田学級の名簿のコピーをもらい、電話帳でクラス全員の電話番号を探した。三十八人の名簿の内、その名前で電話帳に載っている人が十一人いた。宮川は、そのすべてに電話をかけた。

「昭和二十年八月に広島第二高等国民学校に在学しておられましたか？　松山一鳳という人を覚えておられませんか？」

　すでに亡くなっていた人が二人、同姓同名の別人が三人、クラスが違うという人が一人、どうしても電話のつながらない人が一人。さらに三人からは、「在学はしていたが、当時の友人のことはよく覚えていない」という返事だった。そして一人だけ、森川という人が「自分は松山一鳳君という名前は覚えていないが、当時の同級生の友人がいる。その中で小野君という人が、みんなのことをよく覚えているので電話をしてみては」と、電話番号を教えてくれた。広島市安佐南区に住む小野光夫という人だった。

　さっそく小野に電話すると、彼は松山一鳳という名前を覚えていてくれた。その時のうれしさは、言葉に尽くせないほどだった。小野は鄭の証人となることを快く承諾してくれた。

　もう一人の証人は、鄭が被爆当時、近くに住んでいた在韓被爆者を見つけて、証人となることを頼み、ようやく二人の証人が揃った。鄭は手帳を取得できたのである。

宮川は、韓国の被爆者たちと交流を重ねる内、彼らが日本人に、人間として、そして友人としてのつながりを求めていることを肌で感じるようになった。

宮川の自宅には、ある日突然に、といった形で、韓国で知り合った被爆者から電話が入る。「韓国からかな?」と思いながら、「今どこですか」と尋ねると、「今、西広島の駅に来とるんですが」、という話も度々である。生活に余裕のない彼らは、飛行機を利用することは少ない。関釜フェリーで下関に着くと、普通列車に揺られてそのまま広島までやって来るのだ。

広島に来る目的は、被爆者手帳を取得するためだったり、治療を受けるためだったりする。一応、受け入れ先も決まっているのだが、彼らは韓国で会った宮川が懐かしくて電話をかけてくる。十五分ほど車で走って宮川が駅に着くと、彼らは満面に笑みをたたえて再会を喜び、韓国みやげのキムチや海苔を山ほど宮川に手渡すのである。

彼らが日本に滞在している間、宮川はあれこれと世話を焼く。彼らを放っておけないのだ。ここでも本当の友情が徐々に育まれていった。被爆という負の遺産を背負った者どうしだからこそ、歴史を共有し、お互いに理解しあえる人間の絆が結ばれたのだ。

韓国原爆被害者協会は、ソウルの本部と国内六カ所の支部を持っている。宮川たちは毎年訪韓して、年に二カ所ずつ支部を訪ね、地道に聞き取り調査を行いながら、在韓被爆者との交流を深めている。

第十一章　形見の書き初め

宮川の父、造六は一九七五年（昭和五十年）、ガンのため亡くなった。七十四歳だった。

宮川はずっと父、造六にコンプレックスを感じていた。造六は、学校では生徒たちに人気のある、温厚でものわかりの良い校長だった。ところが本当は、きわめて激しい性格なのである。子どもの頃宮川は、造六によくたたかれた。口ごたえなどしようものなら、押し入れに放りこまれたものだった。「家族は家長の言うことを聞け」という考え方なのである。

明治生まれで、社会主義の洗礼も受けた造六の中では、リベラルな学校教育と、昔ながらの封建的な家父長的生活態度が、違和感なく共存していたのである。

食事の時なども、造六が一方的に訓戒を垂れ、家族はそれを聞いていなければならない。子どもの頃の印象は、「恐ろしいおやじ」であった。

小説家の夢に破れ、宮川が広島に帰って来た時、造六は市の教育長や収入役を経て、私立高校の理事長を兼ねた校長を務めていた。挫折感に襲われていた宮川にとって、父の姿は大きく見えた。さすがに大学を卒業した後は、父から怒られることもなくなったが、同じ教師の道に進んだ

宮川家の人々。左から宮川、宮川の長男・康郎、宮川の妻・敬子、造六（当時　広島市選管委員長）。1971年（昭和46年）於・幼稚園の運動会

からといって、語り合う機会もほとんどなかった。

「文学部に進んだ時点で、おやじはもうぼくに対する期待をなくしたんだ。同じ京大でも法学部に進んだ弟に、自分の果たせなかった実業家の夢を賭けていたから」

宮川が小説家になりたかった理由のひとつは、造六を乗り越えるためには、父とは別の世界を選ぶ必要があると無意識の内に感じていたからだろう。さらに宮川が出世の道を選ばずに労働組合の委員長になり、理不尽な差別に悩む生徒や韓国、朝鮮人の人たちに共感を寄せていったのも、父の掌から逃れようとする、宮川なりの闘いであったのかもしれない。

そんな親子だったが、造六がある時、宮川にこう洩らしたことがある。

「やっぱり、教員の世界が一番いい。教員は人を裏切らない。本当に人柄の良い、まじめな人が多いんだ」

しみじみと語る言葉に、宮川は、はっとした。造六は続けた。

「政治家とか、実業家とかは、煮ても焼いても食えないのが多い。わしは教育界でずっとやったのがよかったと思うよ」

父は父なりに、傷ついていたのだと、その時、宮川ははじめて理解した。造六は、実業家や政治家になるには正直過ぎたのだと。

やがて、造六の後輩の教師などから断片的に話を聞かされて、宮川は少しずつ、父の教育者としての理想や、原爆で生徒を亡くした校長としての苦しみを理解するようになった。

「戦争だから許される、という気持ちはなかったと思います」

宮川は、そう父の胸中を推し量る。生徒を亡くしたら、教師は言い訳がたたない。仮に天災であろうと、どんな理由であっても、教師は自分の教え子を死なせてはならない。造六はそんな気持ちだったのだろうと、宮川は想像する。

造六の温和な笑顔の奥に、激しい気性が隠されていることを、宮川は知っている。最も大切な生徒たちを失った造六の怒りと悲しみは、いかばかりであったろうか。

造六が亡くなって気がついたのは、父とは気性が正反対だと思っていた宮川も、今になってみると父の血を引いているということである。

「外面的には、みんな『ええ人じゃ』と言ってくれているが、ぼくはかんしゃく持ちで、非常におこりっぽくって、激しいところがあるんですよ。これはやっぱり、おやじ譲りだね」

宮川は、いざとなるとかっとなって、見境なしにケンカを始めることがある。血は争えないということか。

造六の妻のトモエは、原爆にまつわることについては一切喋らない。造六亡き後、テレビ局が、造六のことについてトモエにインタビューしようとしたことがある。しかしトモエは「原爆については何も言わないことにしていますから、私は一切答えません」と、インタビューに応じなかった。カメラを向けられても、一言も話さなかったトモエは「たくさんの生徒が亡くなり、父母が悲しんでいるのだから、職員の家族は原爆の話なんかするもんじゃない。私は犠牲となった生徒たちの両親が生きている限り、原爆のことは言いません」と宮川に語ったのである。

だが、造六の戦争に対する考えを知ることができるまとまった手がかりが、広島市の入手した録音テープで、偶然に見つかった。一九四五年（昭和二十年）十一月から十二月にかけて、アメリカ戦略爆撃調査団が全国で日本人の意識調査をした時のものである。

アメリカ戦略爆撃調査団は、戦争中の爆撃の効果を検証する目的で設置され、空襲が日本におよぼした影響を、軍事や経済面ばかりでなく心理面や文化面まであらゆる角度から徹底的に調査した。調査団に動員された専門家は千二百人にも及び、その頃の調査としては空前の規模だった。

この内広島では、戦争中の思いや被爆の体験、あるいは占領軍に対してどのような感想を持っているのか、などについて、三百六十三人にインタビューしている。その内の二十二人の声が収録されたテープを一九七四年（昭和四十九年）、広島市が入手した。しかし取材を受けた人の名前は、記されていない。「日本人には絶対に知らせない」という約束のもとにインタビューされたため、秘密を保持する目的で、名前や職業は伏せられていたのだ。

取材を受けた人を探す手がかりは、テープ以外には残されていなかった。しかもかなりの部分は、音がひずんで聞こえない。それでも市の平和文化センターで分析を進めると、「女学校の校長をしていて、生徒を疎開作業で亡くした」と話している男性がいる。担当者は声をあげた。

「ああ、これは市女のことだ。話しているのはきっと、宮川先生だ」

その中の一人に、造六が含まれていたのだ。戦勝国の軍人による、敗戦国の国民に対する意識調査である以上、アメリカに対する批判的な発言はしにくく、逆に戦時中の日本の支配層に批判的になるという傾向が出るのは、当然のことだろう。それでも造六が発言した内容は、他にインタビューされた人々と比べて、きわだって明瞭である。

戦時中の心配事を尋ねられて、こう答えている。

「軍閥の横暴が結局国を滅ぼすのではないか、という考えが、非常に強かった。我々は、外国のニュースなどを知ることはできなかったが、非常に不安でした」

戦争の見通しを、戦時中にどう考えていたのかについても、こう語っている。

「サイパン島の陥落は、そのころはまだ耳に覆いがかかっていたためよくわかりませんでしたが、フィリピンの戦争のころから、勝つ見込みはないんじゃないかと感じていました。沖縄が占領されて以後は、とてもだめだということをつくづく思いました。どうして早く、なんとか政府が手段を講じないのかと思いました」

そして自らが関わった教育の問題について、こう発言している。

「日本の軍国主義、官僚主義というものは、教育系統では、師範教育というものが作りあげてきたと思うんです。

軍閥と、それから教育界では師範学校。あそこが軍隊教育的に教育して、これが教育というものを、ああいう風に軍国主義的にしたものと思うんですね」

確かにその通りであろう。そして造六も、内心では反発しながら、その流れに抵抗することはできなかった。

天皇について、造六は次のように述べている。

「国家とか民衆には、何だか非常に公平無私な統一力、中心の人、中心の力というものが必要と思うんですね。そういう意味から、日本の天皇ということは結構と思うんです。ただしかし、今までのように、この天皇を利用して勅命の名によって、軍閥が天皇の名においてすべてをやって、人民に文句を言わせないようにした専制政治が行なわれた。これは非常によくない」

造六の理解では、軍や官僚によって政治が支配されたことが問題であった。そして善悪を越えて、「天子様の命令」に従うことを教えこんだ教育のあり方を反省した。

造六の愛弟子で、大阪学院大学名誉教授の齊藤岳夫は、戦時中の造六をこう語る。

「軍部の言うことには従わなければならない。その一方で、生活や社会に気づかせる教育をやって来られて、非常に悩んでおられた」

戦後、市女の関係者に会ったり、様々な会合の席などに出たりすると、造六はいつも「すまん」という言葉を口にしていたのを、齊藤は覚えている。「すまんじゃった、すまんじゃった」と、繰り返し言っていたという。造六の戦後は、自らを責め続ける人生であった。

「いいとか、悪いとか、そういうことを超越したものなんですよ」と、齊藤は語る。

戦後、造六は、犠牲者の遺族や遺族会の世話に尽くした。できることはやったと、はじめは割り切ってみても、よくよく考えてみると割り切れないこともある。造六の苦悩は、割り切れる性質のものではなかった。そんな造六の姿を見るたびに、齊藤は「すごい人だなあ」と、いつも思っていた。「多くの犠牲者を出した自らの責任に悩みながら、それでも自分の果たすべき役割に徹していたからだ」と言う。


造六亡き後、宮川は市女の遺族で作る「広島市女原爆遺族会」の世話を、造六に代わってするようになった。造六の生前は、出席したことがなかった市女の犠牲者の法要と慰霊祭にも、毎年、出席するようになった。

三号まで出ていた遺族会の追悼誌『流燈』の、第四号の呼びかけ人となり、遺族に手記を書いてもらって出版したりもした。造六に頼まれてのことではない。宮川も、父にそうしたいと言ったわけでもない。遺族に頼まれてのことでもなかった。しかし、宮川の心の底に長い間ひっかかっていたことだったのだ。

「おやじの学校で、女子生徒の多くが、おやじの責任で死んだ。そのことは、ずっと、気にしていた。おやじが生きている間は、結局言い出せずにいたけど、おやじが亡くなったら、やっぱりおやじの代わりというか、代理で、少しでも遺族の方の役に立つことをしようと……」

戦後、宮川は、父の生き方を考え続けていた。被爆後、造六が校長の職にとどまったことについて、宮川なりの疑問はあった。

「たとえば、ぼくの友人のおやじさんが、原爆のあと、一切口をつぐんで、公職も退いて世を捨てたような形になったけど、やっぱりぼくは、どっちかというと、そういう考え方の方が、あの状況の中では自然なんじゃないかな、という気がする」

しかし造六は、学校教育の充実のために、そして遺族会のために積極的な活動を続けた。原爆の問題についても、アメリカの調査団のインタビューや、遺族会の追悼誌という限られた場面ではあるものの、明確に、自らの責任や戦争の問題について語っていた。そうした被爆者は、きわめて少数派だった。

宮川は教師としての年輪を重ね、被爆者の問題について考えるうち、戦後すぐにはわからなかった父の思いを、少しずつ理解できるようになったと感じていた。

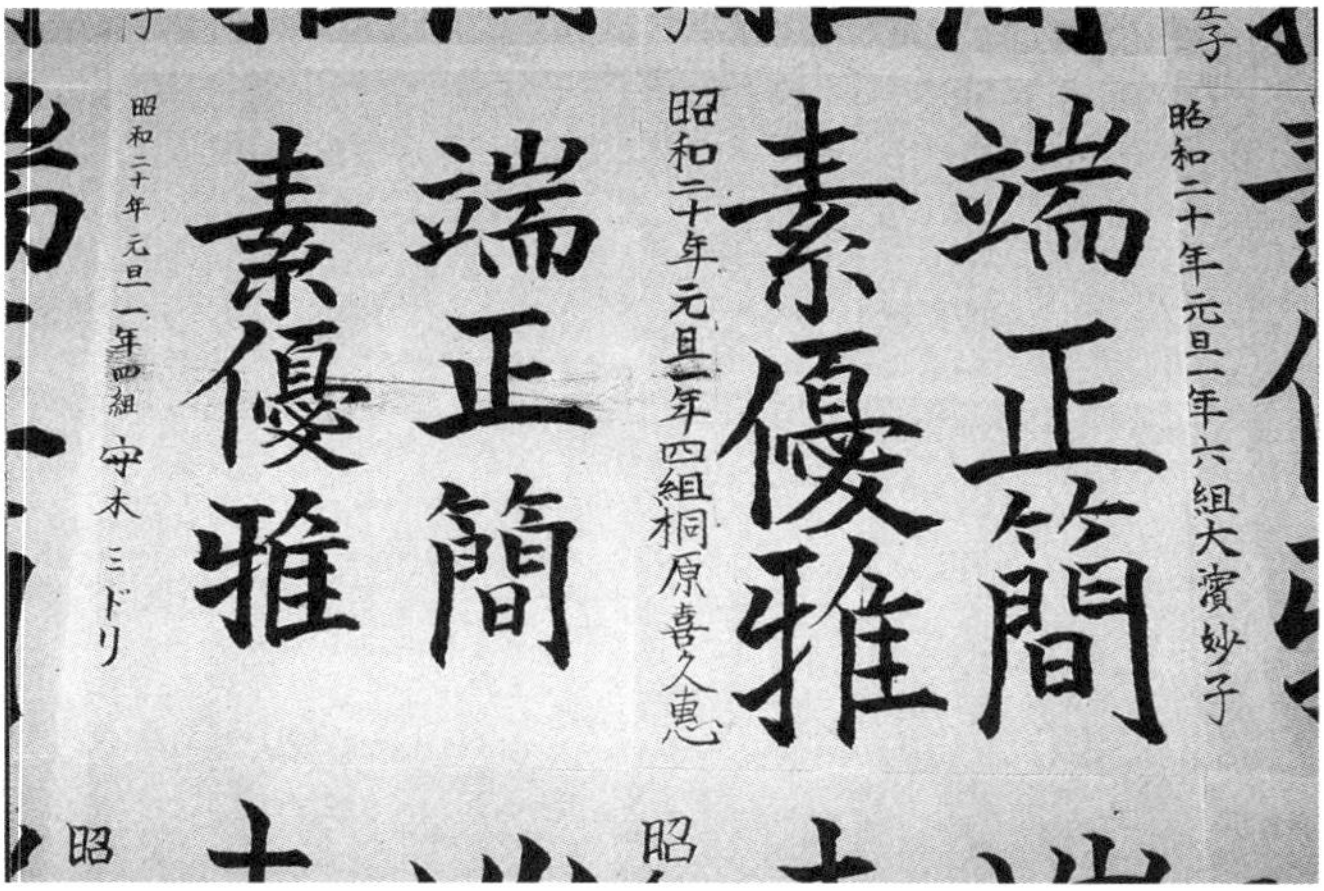

形見の書き初め。守木は父、桐原は兄が生存していた。

そんな宮川のもとに、広島大学の教授だった溝上《みぞうえ》泰《やすし》から、ある相談が寄せられた。

溝上の父、昇は、市女で書道の教諭を務めていた。昇の自宅は、今の広島市中区竹屋町にあったのだが、敗戦の年の一九四五年（昭和二十年）三月、妻や娘などの家族を広島県御調《みつぎ》町の実家に疎開させた。

一方、昇と長男の溝上は、広島に残ったのだが、まだ中学生だった溝上は、一カ月もしない内に母親が恋しくなった。溝上は両親に頼んで、広島県立第二中学校から尾道中学校に転校して、広島を離れた。それが、父子の運命を分けることになった。三十八歳の昇は、建物疎開の作業で市女の生徒とともに被爆して亡くなったのである。遺体も遂にわからないままだった。

造六は、父親を亡くした溝上の進学や就職を親身になって支援した。さらに溝上家と宮川家は遠い親戚にあたる。そんないきさつもあって、溝上と宮川とは、以前からの知り合いだったのだ。

一九九四年（平成六年）一月二十五日、老人会から家に帰る途中、溝上の母の静子は、横断歩道を青信号で渡っていた時、背後から来たトラックにはねられて意識不明の重体となった。病院で手術を受けたが、意識が戻らないまま、九日後の二月三日に息を引き取った。八十四歳だった。

宮川は、溝上から電話で事故を知らされて、悔やみの手紙を出した。二月二十八日に溝上から礼状が届いた。この中で宮川は、市女にまつわる発見を知らされることになった。

溝上は、御調《みつぎ》町の実家で遺品の整理をしていて、タンスの一番上の引き戸を開けた。そこは亡き父、泰の掛け軸を納めていた場所である。発見は、その奥にあった。二つ折りにした半紙の束があったのだ。

広げて見ると、いずれも「端正簡素優雅」の六文字が、墨の色も黒々と、楷書で、二行に書かれていた。左側には学年と組、名前があり、「昭和二十年元旦」としたためられている。

「市女の生徒の書き初めだ」、溝上は、すぐそう思った。保管されていたのは三十五枚。それぞれのクラスと名前は、次の通りである。

一年三組　　慶徳裕子、新見艶子、迫田淳子、寶積《ほうせき》愛子、浅尾早苗、西川順子

一年四組　　守木ミドリ、桐原喜久恵、中村擴子、田部雅子、久米禮子、坂井かな子

一年五組　　玉谷圭子、藤田文子、秦野英子、高橋加寿子、辰巳美智子
一年六組　　小田澄江、落合幸子、大藪千恵子
　　　　　　大濱妙子、濱田千代子、岩本キヨ子、藤本善子、政宗敦子、高橋幸恵
　　　　　　今田不左子、神原良子、浅尾ハマ代、市場由子、谷本晴江
学級名なし　野川照子
名前不明　　一名

このうち濱田千代子と小田澄江の書き初めは、それぞれ二枚ずつある。市場由子、谷本晴江、西川順子のものは、上半分がちぎれてなくなっていた。

名前がわからないのはその逆で、下半分がなくなっているものだった。この書き初めは、上半分がちぎれている三人の書き初めや他の書き初めとは、字体が異なり、名前がわからないもう一人の生徒のものと見られた。冒頭に紹介した舟入高校演劇部の創作劇『文の林にわけ入りし…』の題材となった一枚である。

三十五枚の書き初めは、人数にして三十三人分だった。このうち名前のわかった書き初めは三十二人分である。いずれも建物疎開に動員されたクラスの生徒たちである。

物資が不足していた戦時中のことである。半紙は薄く粗末なものだった。しかし戦後ほぼ半世紀の歳月が経ちながら、変色もせず、文字は鮮やかに残っていた。戦時中、昇を広島に残して、

家族が実家に疎開する際、書き初めも一緒に運んだものらしかった。

市女では、一学級の生徒が五十人前後いた。従って、保管されていた書き初めは、生徒たちの書いたものの一部ということになる。

昇が、出来のよい作品だけを選んで残しておいたのか、それともあとで手を入れるつもりでいたのが、たまたま疎開の引っ越しの荷物の中にまぎれ込んでしまったのか、今となってはわからない。

溝上は、この書き初めを遺族に返そうと、宮川に相談したのだった。いきさつを聞いた宮川は、五十年近く前の書き初めがよく残っていたと驚いた。書き初めを見た宮川は、一点一画もゆるがせにせず、楷書で大きく書かれた六文字に、生徒たちの伸びやかな性格を感じ取った。それと同時に、これは、遺族へのつぐないになるかもしれないと考えた。

「おやじも自分なりに、色々つぐないをしたと思うけれど、とてもとてもつぐないきれるものじゃない。それでも、この書き初めを返すことができれば、父に代わってぼくなりに、ほんのひとかけらのつぐないをすることができるかもしれない」

被爆四十九年目の一九九四年（平成六年）は、仏教では五十回忌の大きな節目に当たっていた。広島市立高等女学校の原爆死没者遺族会でも、五十回忌法要を、五月十四日に広島市東区の持明院で行なうことをすでに決めていた。

宮川は、その法要が開かれるまでに、遺品の書き初めを遺族に返したいと心に決めたのだ。

宮川は、市女の後身の舟入高校を訪ねた。その頃の坂江節夫校長は、宮川が基町高校に勤めていた時の同僚で、気のおけない仲である。

宮川は、書き初めが見つかった経緯を説明するとともに、遺族や生存者に書き初めをお渡ししたいと話して、協力を求めた。坂江校長は快く承諾してくれた。その結果、五十回忌法要の前の五月十一日の午後、舟入高校の会議室を借りて、書き初めを返すことにしたのだ。

こうした段取りをつけると、宮川は遺族探しに乗り出した。最初の手がかりは、一九七七年(昭和五十二年)に営まれた、三十三回忌の出席者名簿である。そこで犠牲者の名前の中から、書き初めを書いた二十二名の名前を見つけた。まず二十二人が、原爆により亡くなったことが確認された。

次の手がかりは、市女の同窓会名簿である。そこには、生き残った人のみ、住所が記載されている。その生き残った人の中に、今回見つかった書き初めを書いた本人が見つかった。一九四八年(昭和二十三年)三月と翌一九四九年(昭和二十四年)三月の二回にわかれて卒業している市女第二十六回卒業生の、浅尾早苗、浜本(旧姓谷本)晴江、村上(旧姓落合)幸子、村上(旧姓秦野)英子の四人である。広島以外に転校した人や、被爆の当日、自宅の取り壊しのため、疎開作業を休んでいたり、母親の帰りを待つうちに自宅を出かけるのが遅れたりして、生き延びた人たちだった。

宮川は、二つの名簿に載っている住所を現在の住所表示に書き替えて一覧表を作った。これをもとに宮川は、書き初めの少女たちの遺族探しを始めたのである。

遺族会から五十回忌の運営をまかされていた宮川は、法要の案内状を作った。その中で宮川は、見つかった書き初めに触れて、次のように書いた。

「お正月の書き初めの作品を、先生が自宅に持ち帰られておられたものと思われます。半紙に書かれた書き初め三十五枚、三十三人分を泰先生からお預かりしました。折しも五十回忌の直前でもあり、不思議な縁を感じずにはおれません。

この作品はコピーを取って、生徒の遺品として舟入高校に保管していただきますが、できる限り現物はご遺族にお返ししたいと思います。それが亡くなられた溝上先生および奥様のご遺志でもあろうかと思います。

以下は作品に残された生徒のお名前で、そのご遺族、あるいは生存されている本人、ご家族の住所がおわかりの方は、舟入高校事務室にご連絡ください」

そのあとに、書き初めの生徒のクラスと名前を書き、連絡先を記したのだった。

宮川は、四月になってこの案内状を、関係者に発送した。それに続いて、住所が判明した遺族に、書き初めが見つかった経緯と、書き初めを返したい旨を伝える手紙を書いて送ったのだ。

まず、生存していた浜本（旧姓谷本）晴江が、四月三十日に電話で連絡してきた。晴江は、十数年前に同窓会の同期会を行なった時、神原良子が参加していたこと、一年六組は原爆で生徒と一緒に亡くなった八林《やつばやし》先生が担任だったこと、亡くなった八林先生や級友のため浄円寺で法要を営んだことなどを宮川に教えてくれた。さらに住所のわからない岩本キヨ子の遺族について、同じ上東雲町ということだから調べてみますと言ってくれた。

晴江は、書き初めを受け取るため、五月十一日に舟入高校を訪れ、宮川に被爆前後のいきさつを話してくれた。晴江は、一九四五年（昭和二十年）四月、両親に説得されて、泣く泣く県北の東城町の女学校に転校した。憧れの市女に入学して、親しい友達も出来て、「絶対に市女はやめない」とがんばったのだが、母親に泣かれて、ついに承知したのだ。「できるだけ早く広島に帰ってくる」と、友達に約束して東城町に向かった。しかし、約束を交わした友人は、みな原爆で亡くなった。戦後、早い時期に広島に戻り、市女に復学して、市女を卒業した。晴江は宮川にこう語った。

「亡くなった友達のことは、決して忘れられません。娘を亡くされた、お父さん、お母さんには申し訳ないという気持ちが強いけれど、自分が友達の分も生きて、幸せにならなければならないと思ってがんばっています」

村上（旧姓秦野）英子は、手紙で五月十一日には出席すると連絡してきた。彼女は横浜に住んでいる。両親の法要も兼ねて、広島に帰るという。

英子が生き延びたのは、担任の佐古国夫の配慮の結果だという。八月五日に材木町の疎開現場で友人と作業していた英子は、「自分の住んでいる家が建物疎開で立ち退きになって、今、母は疎開作業でたいへんなんだ」と洩らした。その日の作業が終わって解散になると、佐古が英子を呼び止めて、こう勧めてくれた。

「君の家も、今、疎開作業でたいへんなんだそうだね。同じ疎開作業なら、学校の作業をするのも、自宅の作業をするのも同じだから、あすは休んで自宅の疎開作業を手伝いなさい」

英子の話を聞いた級友が、佐古に話してくれたのだろう。英子は、友だちと別々になるのが嫌だったが、先生の勧めに従った。翌六日、英子は自宅で被爆したが、生き延びた。一方、佐古と級友は、遺体もわからないままとなった。唯一、佐古の焼け焦げた自転車が、焼け跡で見つかっただけだった。英子は、そのまま市女に在籍し、二十六回生として卒業したのだった。

村上（旧姓落合）幸子も、四月二十日に宮川に電話をくれた。浅尾早苗も、まもなく電話をくれた。

一方、遺族に宛てた手紙の中には、宛先不明で戻ってきたものもある。五月十四日に行なう五十回忌の法要が半月後に迫っていた。連絡先のわからない人が、なお十一人いた。

宮川は困ったあげく、新聞社とテレビ局に相談した。取材した地元紙の中国新聞は、形見の書き初めの話とともに、連絡先のわからない人の名前を五月三日の朝刊で報道した。

その日の内に、宮川のもとに遺族から連絡が次々と入った。

まず、中村擴子の姉で、広島市内に住んでいるという福馬典子が電話をかけてきた。

次に、藤田文子の親戚で、やはり広島市内に住んでいる新宅勉が電話してきた。文子のいとこの夫にあたるということだった。

さらに迫田淳子の弟で、日本製鋼広島工場に勤めているという杉田敏が連絡してきた。小田澄江については、親戚だという人が、実兄が東京にいると知らせてくれた。生存者からも連絡があった。玉谷圭子は結婚して足助圭子となり、広島県府中町に住んでいると、本人が伝えてきた。

書き初めは残っていなかったが、六組の生徒だった木村（旧姓宮本）淑子も連絡してきた。淑子の実家は、宮川たちが住んでいた広島市皆実町二丁目にあり、皆実小学校の前で文房具店を開いていたという。宮川は、その店の名前はよく覚えていた。子どもの頃、しばしば文房具の買物をしていた店なのだ。その家に小さな女の子がいた記憶がある。その少女が、淑子だった。

淑子は、田部雅子も生存し、結婚して今は山本雅子として広島市内にいることを知らせてくれた。また神原良子も生存していて、今はどこにいるのかわからないが、戦後会ったことがあると教えてくれた。

翌、五月四日には濱田千代子の姉の卜部美代子が宮川に連絡してきた。

「きょうが、千代子の五十回忌法要の日です。ぜひきょう、書き初めをいただけないでしょうか」

宮川はもちろん承諾した。やがて黒い喪の洋服を着たすらりとした女性と、黒の略礼服で六十年配の白髪まじりの男性が、宮川の自宅を訪れた。美代子と、弟で永く被爆者医療に携わってきた医師の濱田忠雄だった。

宮川は、部屋いっぱいに、三十五枚の書き初めを広げた。それを目のあたりにした姉と弟は、身じろぎもしなかった。

半紙からはみ出しそうな、太いしっかりとした筆遣いの書き初めもあれば、きちんと周囲に余白を取って、整った字体の書き初めもあった。並べてみると、真ん中の「正」と「優」の字が切れて下半分しかない市場由子と谷本晴江、西川順子の書き初めが、宮川には哀しかった。上半分だけ残っている書き手のわからない書き初めを、あらためて他の書き初めとあわせてみたが、どれにもつながらない。誰が書いたものだろうか。

濱田千代子の書き初めは二枚あった。宮川は、その二枚を取って美代子に手渡した。四十九年ぶりに妹の筆跡を見つめる姉は、身体を強ばらせて、感情を押さえているようだった。やがてハンカチを出して、目元をぬぐった。

「きれいな字を書いていますね。精一杯に」

美代子は、そう静かに言った。やがて二人は、宮川に丁寧に礼を述べて帰っていった。

翌六日にも次々と連絡が入ってきた。坂井かな子については、兄の坂井洋双が電話をしてきた。高橋加寿子は、甥にあたる高橋俊景が連絡してきた。

西川順子については、本人の甥の娘にあたるという、死者と同名の西川順子が連絡をくれた。そのすぐ後に、やはり親戚の西川玲子が電話をくれた。

クラス名がない野川照子について、生存者の浜本（旧姓谷本）晴江が、現姓日高で広島市内にいると知らせてくれた。さらに連絡は続いた。

こうして、どうしても連絡のつかない人は、上東雲町の元住所に手紙を出したが戻ってきた岩本キヨ子、現時点ではまったく手がかりのない久米禮子、それに生存していると話を聞いた神原良子の三人だけとなった。

やがて五月十一日を迎えた。

舟入高校の会議室には、正面の黒板と壁に、コピーした三十五枚の書き初めがはられた。実物の書き初めは大封筒の上に、半紙大の厚紙を置き、その上にクリップで留めて、会議室の机の上に並べられた。遺族にその書き初めを手渡す役を、宮川は齊藤岳夫に依頼した。

齊藤は、遺族会結成の当初から旧教員として関わりを持ち、慰霊碑の建設や慰霊祭の世話を欠かさずに行い、遺族会発行の三冊の追悼集の編集と発行を担当した。市女を代表する職員として最適だった。午後二時前になると、遺族が姿を見せ始めた。

「それぞれ、ご自分の関係ある方の書き初めのところにお座り下さい」

宮川は、そう案内した。

年老いた遺族たちが、机の間を回って自分の娘、あるいは妹、あるいは叔母の書き初めを発見する。その時の彼らの反応は、宮川の胸を締めつけた。

遺族の内、父親は二人、母親は一人が、生きて娘の書き初めを手にすることができた。いずれも八十歳以上の年配である。父親はじっと耐えていた。女性の遺族は書き初めを見るなり、眼に涙が溢れてきて、目尻を指で押さえる人、ハンカチで眼を拭う人が多かった。

形見の書き初めを遺族に。右から市女教諭だった齊藤岳夫、当時広大教授の溝上泰。1994年（平成6年）、於・舟入高校

辰巳美智子の母、辰巳アサコは、まわりの人に教えられて自分の席に近づき、娘の書き初めを見るなり、椅子にバタンと座り込み、額を書き初めに押しつけたまま、しばらく身じろぎもせず、涙を流し続けた。

会は宮川が司会を担当し、まずこの会合を持つに至った経過を説明した。続いて溝上が、書き初めを見つけた経緯と父、昇の死について語った。その後、全員の席にある書き初めを集めて、齊藤岳夫が、改めて一人一人に手渡した。

渡し終えてから齊藤は、自らの被爆体験と、多くの生徒を原爆で失った教師の悲しみ、そして遺族に対する申し訳なさを、宮川の父、造六に言及しながら語りかけた。

最後に遺族の人たちに、被爆四十九年の思いを語ってもらった。

桐原秀雄は、喜久恵の兄である。

「結局妹の遺体はわからず、学校がわけてくれた骨は誰のものかわからないので、現場の焼けた石塊をお墓に入れているが、きょうは思いもかけずに妹のものとわかる書き初めを戴きました。これからはこの書き初めを妹と思い、大切に保管していきます」と、感謝の言葉を述べた。

二年四組だった守木ミドリの父、豊一は、書き初めを受け取った時、八十八歳。戦時中は広島城跡にあった中国軍管区司令部で軍属として働き、当直明けで自宅にいて被爆した。軍務のために娘を探してやることができなかったと、今も続く痛恨の気持ちを述べた。戦後は労働基準局に勤めた。妻は十年前に亡くなっていた。ミドリは、戦時中、軍隊関係の食料を作る工場に働きに通っていたという。

この年、広島市立舟入高校社会問題研究部は、遺品の書き初めにまつわる思い出を聞き取り調査した。これに対して豊一は、ミドリの思い出を次のように語っている。

「その仕事（建物疎開）をやるんですが、赤土のにおいがして気分が悪いんじゃそうでした。それで娘も行きたくない、行きたくない、と言っていたと家内が私に言うたことがあります。

みんなお国のために命を投げ出してやっているんだから、そんなぜいたくを言うんじゃないと、非常に厳しく言って、それで毎日行ったわけなんです」

書き初めを前にした遺族。右奥が守木ミドリの父・豊一、左が辰巳美智子の母・アサコ

戦後もミドリの面影は、豊一の脳裏から離れることはなかった。

「私は役所へ勤めるようになりましたが、出張があって田舎の方や、島の方に行った時、女学生が通られるのを見ると、その人の前へ行っては顔をのぞきこんで見るのです。その人は、変な奴だと思われたでしょうが、私はまだそこに、我が子の姿を発見しようとするのです。おるわけがないのですが。それが何年たってでもそうなんですよ。

病人がいるという家を見ると、この家にうちの子が来て、ものを言わずにお世話になっているのではないだろうかと思ったりするのです」

豊一は、ミドリの書き初めが帰ったことを、素直に喜んだ。

「本当に、我が子を迎えたような気持ちで

す。死んだ家内もよろこんでくれたと思います。あれも、ずいぶん娘をさがして歩いて何年泣き続けたでしょうか。とにかく、あきらめてくれと、何回言っても、一人娘でしたからね」

舟入高校の社会問題研究部では、書き初めを受け取ったそのほかの遺族や生存していた先輩たちにも手紙を出した。これに対して次々と返事が寄せられた。

娘の美智子を亡くした広島市西区の辰巳アサコは、次のように記している。

「ちょうど私宅でも（五十回忌の）法事の段取りなど考えていた時です。宮川先生よりお便りいただき、驚くやら嬉しいやら、とめどなく涙が出て、悲しいやら、複雑な心境でした。美智子の遺品は、何ひとつなかったのです。

あの遺書をいただいた時は、まったく夢のようでした。あのふっくらとした手で『端正簡素優雅』を書いた娘の姿が目に浮かんで、彼女が帰ったような気持ちで胸がいっぱいでした」

市場由子の姉の、吉田政江からの返事は、次のようだった。

「セーラー服姿の妹を思い出して、ニコニコとさわやかなかわいらしい笑顔が、書き初めと共に、私たちの前に現われたような気持ちになりました。（中略）今は『優』の字が、少しバランスが悪いわねーと、亡妹と心の中で話しています。

昨年五月十二日、中国新聞に『遺族らの元に戻る』という記事の写真に自分が出た時、なぜ笑みを浮かべて写っているのかと考えましたが、本当に亡き由子に会えたような、懐かしい気持ちになったのです」

政江は、手紙の最後にこう綴っている。

「私は、二度と戦争は嫌です」

他の遺族たちも一様に書いているのは、娘に、あるいは妹に会えたような感動を味わったということである。

大藪千恵子の姉の藤山泰子は「最初に手にした時は、タイムトンネルにスリップしたような気持ちになり、五十年の月日がふきとんで、女学生の妹が目の前に浮かんで、『お姉ちゃん』という声がしたようで、感涙しました」と記している。遺族たちは、書き初めを通じて、おかっぱ頭にセーラー服ともんぺ姿の肉親と、ようやく再会を果たしたのだ。五十回忌を前にした、不思議な因縁である。

書き初めが戻ってきた遺族は、本当に喜んだ。表装して掛け軸にし、床の間に飾った遺族もあれば、額に入れて部屋に飾った遺族もいる。

市女の生徒は、ほぼすべてが広島市内からの通学生である。原爆で、多くの人が家を焼いてなくしていた。つまりほとんどの犠牲者は、遺骨がわからない上に、彼女たちの遺品さえ、何も残っていなかったのである。写真はおろか、彼女たちが使ったものさえ残されてはいない場合が大半だった。そんな遺族にとっての、形見の書き初めである。

娘を亡くした親は「娘が帰ってきたような気がします」と喜び、宮川に感謝した。親がいない遺族は、兄弟が、また兄弟がいない場合にはおじやおば、甥や姪が来てくれた。

だがそれで、娘を、あるいは姉妹を失った悲しみが消えるわけではない。

同時に、多くの友人を失いながら生き残った人々の心の傷も癒されてはいない。浅尾早苗は、八月六日にたまたま体調を崩して疎開作業を休み、生き残った。そのまま市女に在学して二十六回生として卒業した。早苗は中国新聞社に長く勤め、結婚しないで一人暮らしを続けた。今回、書き初めを遺族に返すにあたって、積極的に協力してくれた。市女同窓会の最年少の役員として、犠牲者の名簿の整理や遺族への連絡などにあたり、市女の犠牲者の追悼記『流燈』に鎮魂の言葉を書き続けていた。

早苗は、書き初めを遺族に返した日にも、そして五十回忌法要の日にも出席し、宮川たちを手伝った。また取材に来ていたテレビ局に協力して、クラスごとに写した市女の生徒たちの写真の中から、書き初めを書いた生徒の名前と顔を一致させる作業に協力してくれた。さらに、インタビューにも応じて、原爆で亡くなった友人への思いを語り、戦争に対する憎しみと永遠の平和への願いを語った。ただ、問われても、かたくなに返答をこばみ続けたことがある。それは、浅尾自身が被爆した場所や、被爆の状況、それに家族のことである。彼女は、原爆をめぐって自らにかかわることについては、決して語ろうとしなかった。それはかたくななまでに徹底していた。

実は、早苗は戦後、昔から親しかった親友の親や、妹を失った同級生の姉など、心を許していた人々から、「自分だけが生き残って……」という言葉を投げつけられたことがあったことを、同窓会の関係者から聞いて宮川は知っていた。宮川は改めて思った。一人生き延びたことで落ち込んだ陥穽の深さ、そして暗さを、誰も思いやることはできないのだ。それは被爆者どうしであってても、そうなのである。

村上幸子、旧姓落合幸子は、会合に出席するかどうか、ずいぶん迷った。そして宮川へ、会の始まる前の午前中に、舟入高校に書き初めをもらいに行きますと連絡を入れた。しかし、直前になって、「やはり欠席します」と連絡して来た。結局書き初めは自宅に郵送された。

村上は、市女の二年だった一九四五年（昭和二十年）七月末、弟が疎開していた叔父の家に移った。幸子は広島県北部の三次《みよし》の女学校に一年在学したあと、広島に戻り、市女に復学したのだが、友達がみな亡くなっているのに、自分が生きていることに何とも言えない負い目を感じ、友人の母親を避けて歩いていたと、宮川に語っている。

名前の記されていた三十二人のうち、生存が確認されたのは八人である。このうち浅尾ら四人は、亡くなった友人たちの遺族に、自分たちの元気な姿を見てもらうことも、友人たちへの供養と考え、会合に出席してくれた。しかし村上ら四人は出席しなかった。あの日のことを思い出したくない、語りたくない、そして友達の遺族に会いたくなかったのだ。その気持ちは、会合に出席した浅尾たちにも共通のものである。形見が戻って喜ぶ遺族がいる一方、そのことを素直に喜べず、古傷をえぐられるように思う人々がいることもまた事実なのである。

遺族や生き残った人々に書き初めを返す様子は、テレビや新聞で報道された。すると早速反応があった。大阪府寝屋川市に住んでいる久米徳夫から電話があった。それまで、まったく手がかりのなかった久米禮子の兄だという。

広島に住んでいる甥が、新聞のコピーを送ってくれて、書き初めのことを知ったと話した。彼は、五十回忌の法要には出席できず、宮川は書き初めを郵送したが、彼からは次のようないきさつを手紙で知らせてくれた。

久米一家は、両親に兄弟が五男三女あり、禮子が末っ子だった。両親は比婆郡に疎開していて、禮子も八月四日までは疎開先にいたのだ。しかし勤労奉仕に参加するため五日に広島に出て来て、六日に亡くなった。両親は、なぜ娘を死なせに広島に行かせたのかと、死ぬまで悔やみ続けた。広島の自宅も焼けてしまい、遺品は何一つなかったという。

宮川は、大学と予備校で講師をしている。五月十二日に予備校の授業から帰宅すると、岩本という人物から電話があったという。すぐに折り返して電話を入れると、若い人の応答があったあと、しわがれた聞き取りにくい声で、年配の男性が話しはじめた。彼は、岩本キヨ子の父の岩本尋義だった。

新聞で市女の書き初めのことを知り、娘の書き初めをいただきたいという。今は娘夫婦と同居して、広島市佐伯区五月ヶ丘に住んでいるとのこと。そこなら、宮川の家からも近くで、すぐに届けることにした。

岩本の家は、庭木のある一戸建だった。若い長男の嫁が家に招き入れてくれた。岩本尋義は、その時九十一歳。少し耳が遠いものの、元気で何でも自分でやり、外出もできると言った。中国新聞の印刷部に勤めていたという。新聞の輪転機を安芸郡府中町に疎開させていたため、そこで働いていた岩本は命拾いをした。被爆後には娘を探して焼け跡を歩き廻ったが、どうしても見つけ出すことができず、さらに周辺の収容所を尋ね歩いたがわからなかったという。

舟入町の市女に行って尋ねてみると、応対した先生から、「疎開作業に出かけた生徒たちはみな亡くなった。行った場所も正確にはわからない」と言われ、ショックで身体中の力が抜けてしまったと話した。十四日の五十回忌法要には出席するという。

これで三十一人の遺族、または本人と連絡をとることができた。しかしどうしても、最後の一人の身元がわからない。

新聞やテレビで報道されたお陰で、思った以上に早く、関係者に書き初めを渡すことができた。その一方で、市女関係の他の多くの遺族に、もしかして死んだ肉親の書き初めがあるのではないか、という期待を抱かせてしまった。五月に入って、何人もの遺族が、宮川に電話で問い合せてきた。

「もしもし、突然お電話を差し上げて失礼ですが、私は原爆で死亡した市女の二年生〇〇・〇〇子の姉でございます。新聞で書き初めの事を読みましたのですが、私の妹のものはございませんでしょうか」

こういう電話がいくつもかかってきた。

「残念ですが、おたくの妹さんの書き初めはございません」

そう答えると、わずかな希望も絶たれて、「そうですか」と、消え入るような声でうなずいて電話を切る遺族に、宮川は慰める言葉もなかった。

五月十四日、五十回忌法要の日が来た。広島市東区の持明院では、雨に備えて、本堂前にテントをひとつ張っておいてもらったのだが、当日は快晴で、本堂に入りきれなかった人たちのための日除けになった。

本堂の向かいの境内に、もう一つテントを張ってもらって、そこで市女の同窓会の役員などが受け付けをしてくれた。

遺族は、かなり早い時間から集まって来て、本堂の正面右側、墓地の墓石を背に、植込に囲まれた市女原爆犠牲者の慰霊碑に、花や線香をあげて、お参りをしていた。

午前十時半、持明院の若い住職が、本堂右外縁の軒につるしてある祈りの鐘を鳴らした。参列者全員が、黙祷を捧げた。続いて、三人の僧侶が入場し、読経が始まった。

本堂の畳の間には、遺族をはじめ市女の旧職員や同窓会役員など五十人ばかりの参列者でいっぱいになり、本堂前の境内で、立ったまま参列する人も多かった。

本堂の左右の壁とガラス戸には、四十九年ぶりに見つかった三十五枚の書き初めのコピーも張り巡らされている。

宮川は、自分で作った広島市の原爆被爆地図も掲示した。原爆による火災で焼失した地域、黒い雨の降った地域を示した上で、市女の追悼記『流燈』に寄せられた遺族の手記をもとに、父や母が、まだ息のあった娘を発見した場所と死亡した場所、さらに遺族が遺体を確認した場所とを記入したものだ。

読経の続く中、本堂の参列者は、正面に出て焼香した。屋外で参列した人々は、本堂前の台で焼香した。

最後に遺族会の会長が挨拶し、五十回忌はとどこおりなく終わった。

「あら、それ私の書き初めだわ！」

引き上げようと宮川が立ち上がった時、本堂入り口の右側の壁に張ってある書き初めのコピーの下で、大きな声をあげた人がいた。黒縁めがねをかけた女性だった。彼女の指差す書き初めの名前を見ると、宮川は彼女のもとに駆け寄った。

「あなた、神原良子さんですね」

大きくうなずく彼女に、宮川はせき込んで言った。

「あなたを探していたんですよ。三十二人の該当者のうち、あなただけがどうしてもわからなかったんです」

最後までわからなかった一人は、生き残った人だったのだ。

「犠牲になったみんなに申し訳なく、三十三回忌の名簿にも名前を書くのを遠慮したんです」

彼女はそう語った。

ようやく、名前のわからない一枚を除いて、すべての書き初めが遺族や生存者に返された。五十回忌法要の当日に、最後まで連絡のとれなかった一人に出会えたのも、宮川にとっては、書き初めをめぐる不思議な因縁と感じられた。

名前のわからない一枚については、三人の犠牲者の遺族から問い合わせがあった。「あの子の字体とよく似ている」というのである。中には、書き残されていた直筆のメモなどを持ち寄ってきた人もあった。しかし、誰が書いたかの決め手とはならず、今も舟入高校に大切に保管されている。


一方、他のクラスの生徒たちの書き初めはどうなったのだろうか。これに関連した後日談がある。

千葉県に住んでいる久保田靖之という人が、書き初めのことを報道で知ったと、宮川に連絡してきた。妹の美江が市女の二年生の時、原爆で亡くなったのだが、遺品として同じ書き初めを保管しているという。

美江が、書き初めを書いた時のクラスは、一年一組だった。残された書き初めは二枚だが、署名はないという。そこから判断すると、その二枚の書き初めは練習で書いたもので、名前を書いたものを提出したと思われる。しかしなぜ溝上のところに、三十五枚の書き初めだけが保管されていたのかは、結局わからないままである。

宮川は、名前の記されていた三十二人のうち八人が生存していたことについて、「正直言って驚きました。生き残った人はほとんどいないだろうと、当初は思っていましたから」と洩らした。うれしい誤算だった。その上で、八人の内四人が会合に出席しなかったことにふれ、「ぼくにはその気持ちがよくわかる」と言う。それは、生き残ったうしろめたさを、宮川も背負ってきたからだ。

宮川は、書き初めを遺族らに返す作業を、つぐないの気持ちから始めた。しかし、「つぐないをしたからといって、少しは許されるという気持ちには、到底なれません」とも語る。「あの時、みんなと一緒に死んだ方がよかった」という気持ちは、今なお宮川の心から離れない。

市女の教員時代に齊藤が、校長の造六からよく言われた言葉、それは「本当のことをやれよ」ということだった。「本当のこと」とは、造六の教えによれば、恣意的に判断するのではなく、あるがままにものごとを受けとめるという意味であろう。

齊藤は、宮川が被爆体験を語り継いだり、在韓被爆者を支援したり、書き初めの遺族探しに取り組んだりしたことを、温かい目で見守っている。齊藤から見た、宮川の取り組みのキーワードも、「本当のこと」なのだ。

市女慰霊祭。毎年8月6日午前10時から平和公園の市女慰霊碑前で慰霊祭が行われる。主催は同窓会と舟入高校生徒会。写真は1993年（平成5年）

「ただ、ああいうことがあった、こんなことがあったというのではなく、『本当』とは、どういうことかということを探そうという発想なんだ」

齊藤は、宮川の取り組みを、そう見ている。宮川は、造六から直接、「本当のことをやれ」という教えを受けた覚えはない。それでも齊藤から見ると、宮川は「本当のこと」を探し求めている――そう思えるのだ。それは三十年の沈黙を破った宮川が、内心で「本当の友情」を感じるようになったためだろうか。

市女の遺族会は、高齢化などのため、五十回忌の法要を区切りとして解散した。しかし宮川は、命のある限り、毎年八月六日の法要と慰霊祭には出席しようと心に決めている。

第十二章　被爆者と被曝者の絆

「被爆者」とは、広島と長崎で原子爆弾により影響を受けた人を指し、「被曝者」とはそれ以外の核被害、つまり核実験や原発事故などにより放射線に曝《さら》された人々のことを指している。そして片仮名の「ヒバクシャ」は、「被爆者」と「被曝者」をあわせた核時代の被害者として、今や世界の共通語となっている。

宮川は原発事故による被曝者とも交流を始めた。一九九五年（平成七年）九月にウクライナ共和国の首都キエフに飛んだ。六十六歳の時である。

キエフは人口三百万人の大都会で、チェルノブイリ原子力発電所から二百キロしか離れていない。チェルノブイリ原子力発電所では一九八六年（昭和六十一年）四月に、四基の原子炉の内の一基が爆発した。世界最大の原発事故である。

宮川が現地で聞いた情報では旧ソビエト圏、現在のウクライナ、ベラルーシ、それにロシアの三つの共和国で少なく見積もって八十万人、恐らくは百五十万人の被曝者がいるという。ウクライナには、明らかに障害の出た被曝者が三十万人いるというのだ。

宮川がキエフを訪問した年、市内の繁華街の一角でウクライナ内務省が管轄するチェルノブイリ博物館がオープンした。事故の経過と現状が紹介された、キエフではじめての施設である。しかし原発事故による死者や負傷者、そして被曝した人々や放射能によって障害を受けた人について、詳しい人数などの記述はまったくなかった。さらに汚染地区を示す正確な地図もなかった。

被曝者団体の「キエフ・チェルノブイリ連合」は、一九九五年（平成七年）八月から十月にかけて、チェルノブイリ博物館の二部屋を借りて原爆展を開催した。「キエフ・チェルノブイリ連合」代表のイリーナ・イワセンコは前年、広島を訪れた際、その原爆被害を知って強い衝撃を受けた。そこで広島の平和文化センターから貰い受けたポスター写真二十枚をパネルにして、ロシア語の解説をつけて展示することにしたのだ。この展示は評判を呼び、多くの市民が訪れた。そこで広島の市民グループに対し、「ぜひヒバクシャの話を聞きたい」と被爆者の派遣を求めたのだ。

要請を受けた広島県府中市の「ジュノーの会」では、宮川に協力を求めた。

この会の名前は、第二次世界大戦末期に、赤十字国際委員会の駐日主席代表として日本に派遣されたスイス人の医師、マルセル・ジュノー博士にちなんでいる。日本が敗戦する間際の緊迫した状況の中で、彼はシベリアから旧満州を経て一九四五年（昭和二十年）八月九日、東京に着任した。ジュノー博士は広島の惨状を写真で知ると、直ちにマッカーサー司令官に救援の必要なことを説き、広島に十五トンもの医薬品を軍用機で運び込んだ。九月九日には広島入りして救護活動に奔走し、多くの被爆者の命を救ったのだ。ジュノー博士は六一年に亡くなり、平和公園には博士を偲ぶ碑が建てられている。

「ジュノーの会」は、ヒロシマの恩人ジュノー博士のように、世界の被曝者を救援しようと結成された市民団体である。現在取り組んでいるのは、チェルノブイリ事故の被害者の救援活動である。放射線障害の治療に詳しい広島の医師を現地に派遣し、同時に医療機器や医薬品も送ってジュノーのように多くの被曝者の治療にあたってもらう。その一方、現地の医師を広島に招き、大学などの専門の医療機関で研修を受けてもらっている。「ジュノーの会」の支援を受けて相互に行き来した医師は、これまで百二十人に上る。行政からの支援は一切なく、ボランティア活動や募金が会を支えている。

さらに「ジュノーの会」では、放射線障害の病気になった子どもたちを広島に招き、ホームステイで受け入れながら治療を受けさせたりもしている。宮川はその子どもたちに平和公園で被爆体験を話したことがあった。それが縁で宮川は「ジュノーの会」の人たちと知り合った。宮川は、以前民放の番組で、セミパラチンスク核実験場の被曝者とのテレビ討論集会に参加したこともあり、旧ソビエト地域の被曝者問題にかねてから関心を持っていた。そこで「ジュノーの会」からの要請を受けてウクライナを訪問することになった。

ウクライナだけでも、チェルノブイリの被曝者団体が二百七十二団体もあった。それぞれが二百人から三百人の小さな団体ばかりで、なかなかひとつにまとまらない。なぜそんなに被曝者団体が多いのか。それは、政府や外国から援助を受け取るために作られた名前だけの組織が多いからだという。

宮川は、「ジュノーの会」のメンバーの河内伸介と二人で行動していたのだが、キエフから帰国の途中立ち寄ったモスクワで、チェルノブイリの被曝者団体の代表という男が宮川たちを訪ねてきた。銀縁の眼鏡をかけた大柄な男で、仕立ての良い紺色のスーツを着ている。会員の被曝者は二百五十人だと言い、「ジュノーの会」に財政支援を求めた。団体の事務所は通称ホワイトハウス、かつてソビエトが崩壊するさ中、改革に反対する勢力が立てこもった建物にあると言う。一応事情を聞くと、河内は何の言質も与えず彼を帰した。現地の事情に詳しい河内は、「ホワイトハウスのような政府機関に事務所を持っているなんて、かえって本当の救援組織かどうか疑わしいですね」と説明した。

外国からの救援物資や義援金の大半は、本当に援助を必要としている人々に届く前に、官僚や被曝者団体の幹部のところまでほとんどがなくなってしまい、救援活動にはまったく使われない場合も少なくないのだ。

旧ソビエト圏の各国では経済が破綻し、国民は厳しい生活を強いられている。アパートはどこも汚れ放題で、ベニヤ作りのドアも少なくない。ビルのエレベーターは途中で止まることが珍しくなく、修理もできないということだった。街路も全体的に汚れている。歩道は傷んでいる。街全体の照明が暗い。空港でもホテルのロビーでも薄暗くて新聞が読めないくらいだった。

ウクライナでは「ヒバクシャ」という日本語はそのまま外来語として使われている。政府から「ヒバクシャ」と認定されるとわずかな手当てが出る他、無料検診を受けることができ、サナトリウムで保養することもできるということになっている。しかしこの「ヒバクシャ」とは原発の関係者とその家族とに限られ、たとえ汚染地区に住んでいて放射線障害が出た人でもヒバクシャとは認められないという。また政府が決めた「ヒバクシャ」の救援措置も財政不足を理由にほとんど実施されていないとヒバクシャは怒る。厳しい経済状況に置かれ、誰も頼りにできない状態の中でヒバクシャは暮らしている。

今回宮川を受け入れた「キエフ・チェルノブイリ連合」も、会員が二百人ばかりの小さな被曝者団体である。しかし、彼らはお互いに協力しあいながら公平な組織運営を行なっている。なぜチェルノブイリの事故が起きたのかを真摯に議論する。さらに同じヒバクシャの問題を考えようと原爆展を企画し、開催にまで漕ぎ着けた。「ジュノーの会」もこうした運動と彼らの誠実な人柄を評価して、支援する団体のひとつにしているのである。

宮川はキエフに三日間滞在した。その間チェルノブイリ博物館や学校など市内の各地で、十五歳の時のヒロシマでの被爆体験を語った。キエフの人々は子どもから年配の人まで、宮川の話をみじろぎひとつしないで真剣に聞いてくれた。宮川の語った体験は、聴衆に深い印象を残した。「キエフ・チェルノブイリ連合」の幹部の一人で、宮川に強い印象を与えたのが、アフスラウ・アントノモフである。彼はセミパラチンスクの核実験場で軍人として長く勤務し、十数回の原爆

キエフで被爆体験を語る宮川。聴衆は高校2年生。1995年（平成7年）

の実験に立ちあった。退役した後、チェルノブイリ原発の警備員になって被曝した。甲状腺が異常に腫れたため、甲状腺の摘出手術を受けていて、喉に大きな傷痕がある。しわがれた声は、被曝や手術で喉を傷めたためだという。

高校生を前に宮川が被爆体験を語った時、彼は宮川の話がすんだ後で「ちょっと話をさせて欲しい」と言ってマイクを持った。

「私はセミパラチンスクの核実験場にもいたし、チェルノブイリにも勤めていた。原子力の平和利用、軍事利用というけれど、平和利用などありえない。原発も原爆と同じくらい危険なものである。いったん事故を起こしたら、その被害は恐ろしい。将来的には原発も全部なくさねばならない」

情報公開が進み、言論の自由も保障される

ようになったからだろう。しかし、率直に原子力の本質について語ろうとする元軍人の姿勢に宮川は驚き、そして共感した。宮川は、キエフで語る被爆体験をこう締め括った。

「広島では現在でも被爆をした人が亡くなりますと、その人の名は原爆犠牲者として慰霊碑に納められます。つまり、原爆にあった人は、例え六十年、七十年生き延びたとしても、その間に原爆の、放射能による障害で苦しんできたという認定をしておるわけです。医者の中には、あるいは科学者の中には、ある年寄りが病気で死んだ、その原因は原子爆弾の影響と直接結びつかないから原爆の影響ではないと言う人もいますが、私はそれはまったく反対である、つまり原爆にあった人がどんな病気で死のうと、それは原爆のせいなのだ、という判断が正しいと私は思っています。したがって、ウクライナの地でも、あるいはベラルーシやロシアでも、チェルノブイリ事故の汚染地域に住んでいた、一度でも住んでいた人が、もし身体の障害を生じた場合は、それは全部、放射能の影響と判断するのが正しいと私は思っています」

この言葉に共感できる人こそ、宮川と歴史を共有できる人であろう。「どんな病気で死のうと、それは原爆のせいだ」という言葉に反発を感じる人もいるだろう。しかし、そう言わざるを得ない状況に、被爆した人々は置かれていると宮川は言う。それが宮川を、新たな行動に駆り立てる。自分のことを「さびしがり屋」という宮川は、同じような気持ちを抱いている人々と、心の触れ合いを求めているのだ。

集会が終わると、宮川とチェルノブイリの被曝者はお互いの経験を語り合った。発電所の消火活動にあたったり、放射能の除去作業に従事したりした消防士たちが、事故から十年たった今も放射線障害に苦しんでいる。改めて原発事故の恐ろしさを思い知らされた。

「ジュノーの会」代表の甲斐等《ひとし》は、「キエフ市では相手が日本から来たヒバクシャとわかると、人々は粛然として衿を正す」と言う。広島から被爆者が行くことで、人々の心が開かれていくのがわかるというのだ。

人間の感性を昇華して表現することが文学の目的のひとつだとするならば、宮川が語りかける言葉は、チェルノブイリのヒバクシャにとってまさに文学であろう。なぜなら、チェルノブイリのヒバクシャにとって、同じヒバクシャだけが心から信頼出来る対象であるからだ。「自分たちを癒しに来てくれたという実感があるのだと思います」と甲斐は語る。死の不安におそわれるチェルノブイリのヒバクシャにとって、「ヒロシマから訪れたヒバクシャ」の宮川は、数少ない本当の友人の一人であったのだ。

「ジュノーの会」の甲斐は、宮川のキエフ市での活動を「ヒバクシャどうしの交流という大きな道を切り開いてくれた、画期的な出来事」だと評価する。会として広島から被爆者を派遣するのは宮川がはじめての試みだった。もし失敗すれば、その後の交流は続かない。しかし宮川は、ヒバクシャどうしの交流のさきがけとしての役割を果たしてくれた。宮川が道を開いた被爆者の派遣は、翌年も行なわれた。

チェルノブイリ博物館での原爆展は一九九六年（平成八年）八月に二回目が始まったが入場者

が引きも切らず、会期を延長して翌年五月まで開かれた。

米ソの冷戦体制が崩壊し、核戦争の危機は遠ざかったという人々がいる。核保有国は、核兵器を戦争の抑止力であると説明する。しかし原爆の悪意を肌で感じた宮川は、その論理を信じることができない。

すべての兵器は持っていれば使うし、使う以上は一人でもたくさんの人間を殺そうとする。核兵器も例外ではない。決して威嚇だけということはない。核兵器は、絶対、廃絶しなければならない。だから宮川は、心に重荷を抱えながら、被爆体験を語り継いでいる。


宮川に、三十年間にわたって沈黙を強いたもの、それは被爆地で生きる人間である。家族や友人の多くが亡くなり、死ぬのが当たり前の状況が被爆直後の広島だった。生き残った喜びが否定される心情、それが戦後も被爆者の心を覆っていた。同時にその同じ人間が、宮川の心を変えたのだった。宮川は「ヒロシマを語る会」に入って以後の自分について、こう語る。

「確かに変わりました。自分を打ち破ったものと言えば、語る会の人々とのつながり、生徒たちとのつながり、人間的なつながりしかありません」

「海峡を越えた」宮川は、一人の「ヒバクシャ」として「ヒロシマを語る会」の人たちとも、韓国の被爆者とも、そしてチェルノブイリのヒバクシャとも交流を育んでいった。負の遺産である原爆を踏み台に、新しい絆を築いていったのである。

「行動の中にも孤独がある。いや行動の中にこそ真の孤独がある」

かつて高橋和巳は宮川に、そう語ったことがあるという。沈黙を強いられていた宮川は孤独だった。そして沈黙を打ち破って行動を始めた宮川は、自らの孤独を知ればこそ、被爆体験を聞いて涙を流す高校生たちの孤独な心が理解できた。「だますなよ!」と叫ぶ韓国人被爆者のさびしさがわかった。チェルノブイリのヒバクシャが、ヒロシマに寄せる心に、共感できたのである。

高橋和巳は宮川に、何度も何度も「原爆をテーマに書けよ」と話したという。しかし宮川は結局、原爆を主題にした小説を書くことはできなかった。私の取材に対しても、あれこれと思い悩むタイプの宮川は、一所懸命考えながら、それでも考えがまとまらないようなことがたびたびであった。

政治家とは対極の種類の人間であり、文学者たるには、あまりに繊細すぎ、同時に自信がなさ過ぎたのかもしれない。だが宮川は、彼の人生で、あくまで自分を見失うことなく、自分自身に忠実であり続けたことだけは確かだろう。

彼が沈黙したのも、沈黙を破って語り始めたのも、そして海外のヒバクシャと手を携えるようになったのも、自らの内面に突き動かされてのことだ。常に自らの内なる死者と共に歩んだ宮川は、やがて「原爆にあった人がどんな病気で死のうと、それは原爆のせいだ」という思想にたどりついた。「生活」と「原爆」は、本来、相容れない概念であるにも関わらず、被爆者は、一生、生活の中に原爆を抱えて生きているという心の叫びである。

かつての平凡な軍国少年が、学生時代には理性で原爆を批判しながら、しかし自らの殻を打ち破ることができず、やがて世界のヒバクシャと共感できるようになるまで、三十年の沈黙に耐えねばならなかった。「ヒバクシャ」とは原爆の投下を体験し、心や身体に傷を負った者というばかりでなく、「破壊」と「再生」という現代の課題を背負って生きる人間であることを、宮川は理解した。

人間のあるがままの姿をあるがままに受けとめることの大切さ、その当たり前なことに潜む真実に気づかされた。それはまた、父、造六が目指した生活教育の教え、そのものでもあったのである。

形見の書き初めを残した生徒たち　　広島市立第一高等女学校１年３組

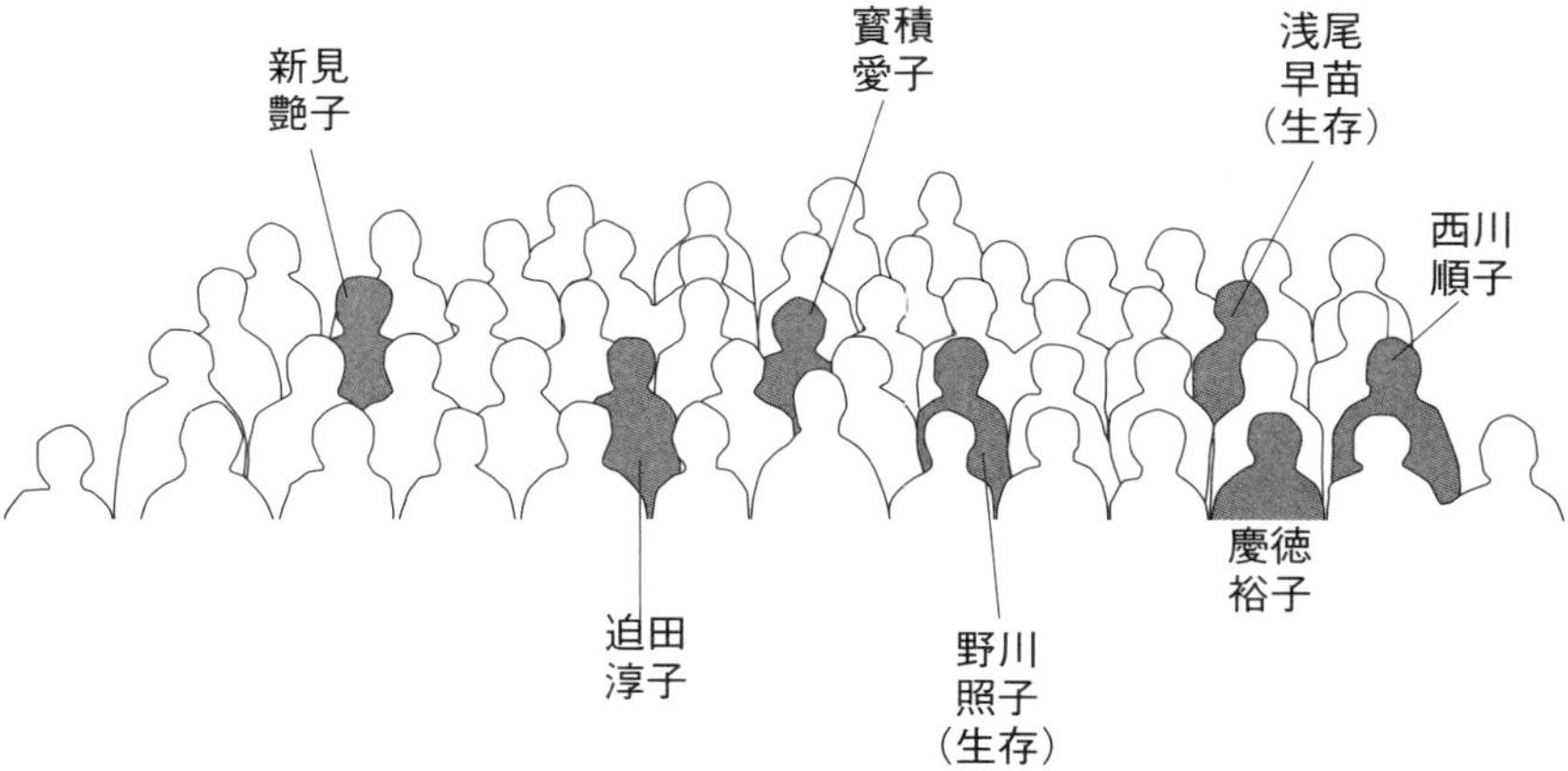

が形見の書き初めの見つかった生徒

＊「中国新聞」参照。1944年（昭和19年）4月撮影

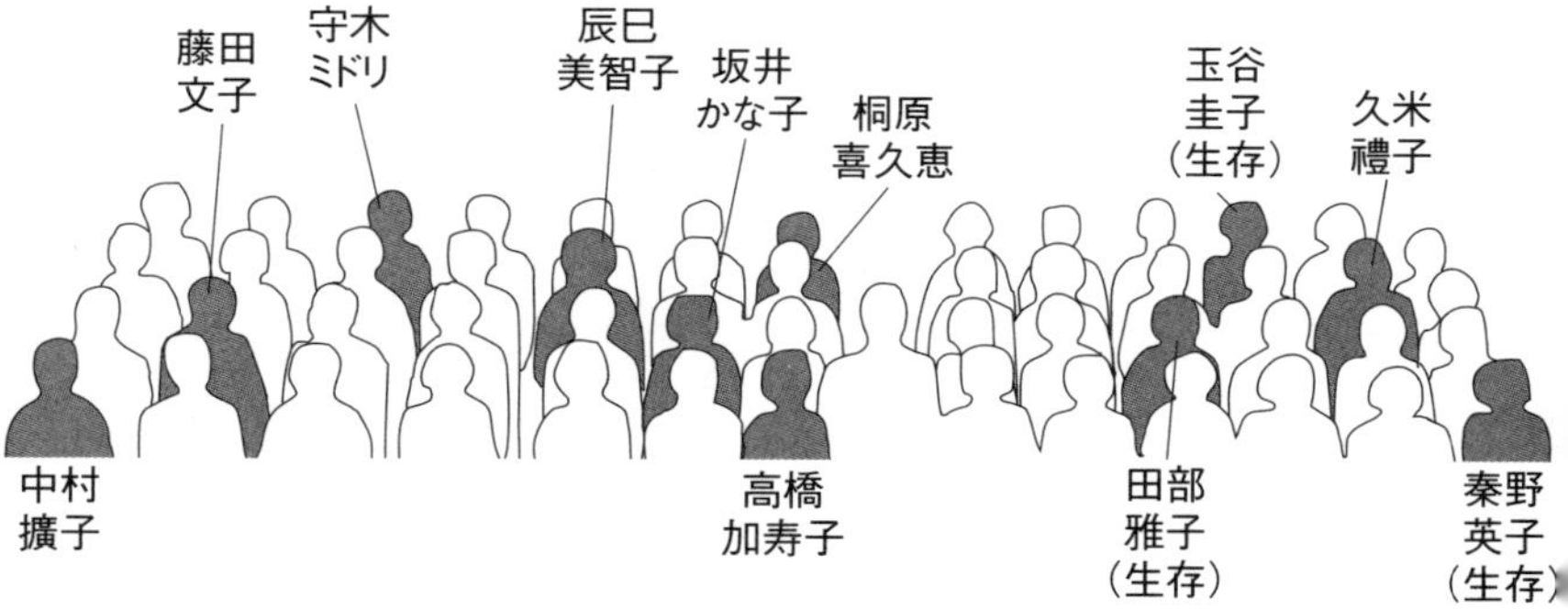
藤田
文子
守木
ミドリ
辰巳
美智子
坂井
かな子
桐原
喜久恵
玉谷
圭子
（生存）
久米
禮子
中村
擴子
高橋
加寿子
田部
雅子
（生存）
秦野
英子
（生存）

同1年5組

同1年6組

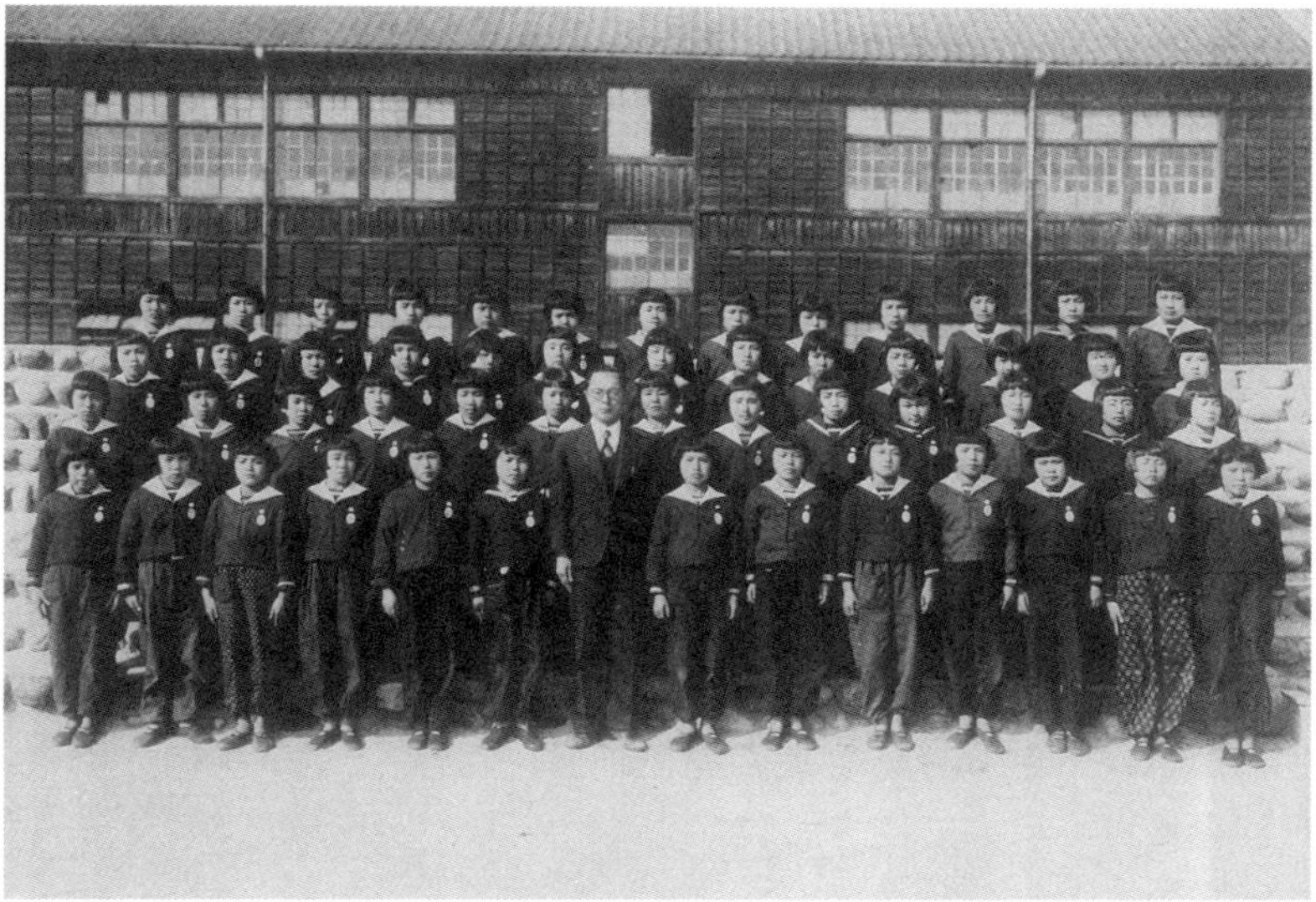

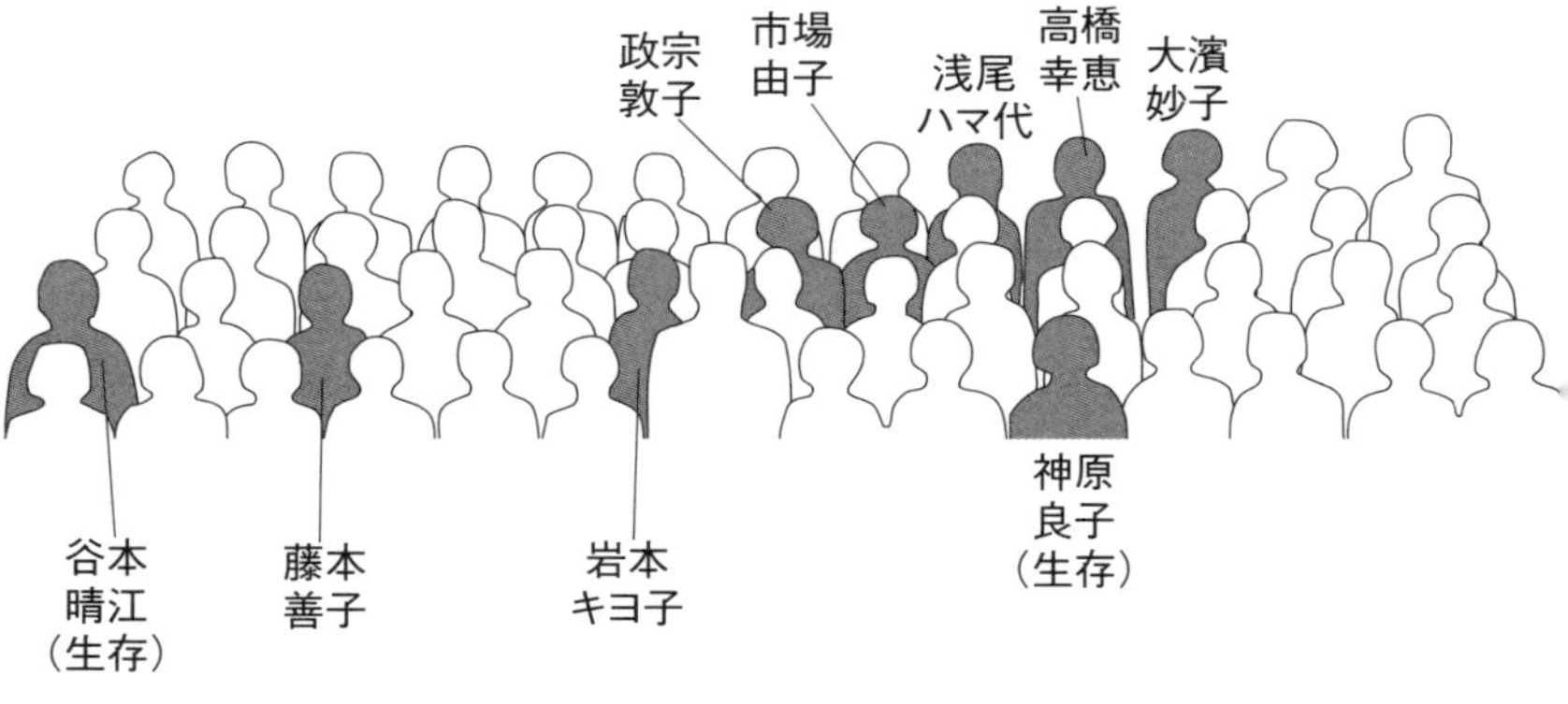
政宗敦子
市場由子
浅尾ハマ代
高橋幸恵
大濱妙子
神原良子（生存）
谷本晴江（生存）
藤本善子
岩本キヨ子

参考文献・資料

伊藤隆弘「文の林にわけ入りし…」（広島市立舟入高等学校演劇部　一九九五年）
広島市女原爆遺族会『流燈』（一九五七年）
京都大学文学部学友会内原爆体験記編集委員会『原爆体験記』（一九五一年）
広島市立第一高等女学校「経過日誌」（一九四五年）
広島県編集発行『原爆三十年～広島県の戦後史～』（一九七六年）
林茂夫『Q＆Qの時代を生きる』（日本評論社　一九九五年）
広島市編集発行『図説戦後広島市史～街と暮らしの五十年』（一九九六年）
小畑哲雄『占領下の「原爆展」』（かもがわブックレット　一九九五年）
原爆展掘り起こしの会『「原爆展」掘り起こしニュース』第六号（一九九六年）
原民喜『夏の花』（『三田文学』　一九四七年六月号）
大田洋子『屍の街』（『中央公論』　一九四八年五月号）
井上光晴『地の群れ』（河出書房新社　一九六三年）
井伏鱒二『黒い雨』（新潮社　一九六六年）
福永武彦『死の島』（河出書房新社　一九七一年）

京大作家集団『京大作家集団作品集』第四号（一九五〇年）
高橋和巳『憂鬱なる党派』（河出書房新社　一九六五年）
『文芸』臨時増刊『高橋和巳追悼特集号』（河出書房新社　一九七一年七月）
ヒロシマを語る会『生かされて—ヒロシマを語る会十年の歩み—』（一九九四年）
ヒロシマを語る会、アジア・太平洋地域の戦争犠牲者に思いを馳せ、心に刻む集会実行委員会『海峡を越えて』（一九九〇年）
広島市立舟入高等学校社会問題研究部「その時舟入（市女）は、XII」（一九九五年）
ジュノーの会『ジュノーさんのように』四十六、四十七号（一九九五、一九九六年）
マルセル・ジュノー『ドクター・ジュノーの戦い』（勁草書房　一九八一年）
広島ＫＪ法研究会『地平線』二十号（一九九六年）

あとがき

本書に収めた二篇はいずれも、無名の被爆者の記録である。彼らは永年の沈黙に耐え、やむにやまれず語るようになった人々だ。彼らは今なお、何重もの精神的な後遺症と格闘し続けている。

確かにこうした戦争の犠牲者は、被爆者に限らない。戦争では、原爆で亡くなった人も、東京大空襲をはじめ各地の空襲で亡くなった人も、一人一人の犠牲者や遺族にとってみれば、その死の意味や重みは比較のしようがない。南京大虐殺と原爆の被害と、どちらが悲惨かなど比べようがない。

しかし忘れてはならないのは、第二次世界大戦後、米ソ両大国の核の傘によって世界が東西に二分されたように、核兵器の出現が、戦争のありかた、世界の構図に、従来とはまったく違った構造を生み出す大きな力となったことである。それを裏づけたのは、わずか二発の原爆で多くの人々が亡くなり、今もなお苦しんでいる人々がいるという事実なのである。

本書に収めた「ナガサキの絆――人間の論理」の原さんも、そして「ヒロシマの絆――父から子へ」の宮川さんも、長い沈黙を経て、自らの被爆体験を自分の言葉で語り出した。彼らの沈黙は、あたかもレンガをひとつひとつ積み上げるように、自分自身の言葉を探し出すための、孤独な取り組みの証のようにも思える。「名前」に込められたそれぞれの人生を確かめることで、原さんも、宮川さんも、自分自身の人生の意味を再確認していった。

その上で私たちは、沈黙を続けざるを得ない人々が今なおいることを、忘れてはならないと思う。沈黙を続ける人々が、彼ら自身の言葉で自分を語れる日が来るよう、私たちの社会を変えてゆかねばならないと思う。しかし現実の社会では、勇気ある人々しか語れないのである。そんなひとつの例に、私は長崎で立ち会った。

一九八八年（昭和六十三年）十二月、長崎市の定例市議会で、天皇の戦争責任問題について問われた本島等市長（当時六十七歳）が答弁に立ち、「実際に軍隊生活を行い、特に軍隊の教育に関係をいたしておりましたが、そういう面から、天皇の戦争責任はあると、私は思います」と発言した。

昭和天皇が病床に伏している中、首長など公的な職にある人々は、革新陣営も含めてほとんどが、天皇の戦争責任問題について沈黙していた。人々がタブーと感じていたその一線を、彼は踏み越えた。

彼は被爆者ではないが、被爆地長崎を代表する立場にある。被爆地からの発言は日本を、そして世界を駆け巡った。それは天皇と戦争、被爆と平和の関係、そして日本の民主主義とは何なのかを、考えさせられた問題提起だった。

保守や右翼の陣営は本島市長を憎悪し、片や全国から三十八万人が、市長を支持する署名を寄せた。そうした中、天皇の容体を案じて、世の中は自粛ムード一色となる。それは今からは考えられないほどの大騒動で、異常な現象だった。

その年の暮れ、ニューヨーク・タイムスのインタビューに答えて、本島市長は「純粋に民主主義の言論の自由が守られている社会であれば、ニュースになる問題ではない」と述べている。

やがて彼は、右翼の凶弾に倒れ、瀕死の重傷を負った。言論が暴力によって封殺されようとした。日本の民主主義なるものが、いかに未成熟でもろいものか、私たちは思い知らされたのだ。意見や思想が相容れないというだけで、相手に暴力をあびせかける社会、その心性は戦前、戦中の社会と、何ら変わらない。

戦後、デモクラシーという社会制度が導入された。しかしこうした様を見て、これが、人々が主人公である民主主義といえるだろうか。本島発言から十年以上経過したが、その経験が今、生かされているだろうか。経済大国となり、社会が大きく変化したなかで、そこに潜む人間や社会の歪みが見過ごされていたのではないか。被爆者と彼らを取り巻く人々や組織を取材するなかで、私はそんな思いにとらわれていった。被爆について知るということは、何重もの差別の構造を理解することにつながる。日本は一枚岩の社会ではなく、何重にも差別された人々の悲しみを踏み台にして成り立っているという認識である。その上に立つと、今の社会が唱える自由や平等が虚構に思えてくる。

一九九五年（平成七年）に韓国のソウルで原爆展が開かれた際、抗日運動に参加した経験もある年配の韓国人の一人が抗議に訪れ、主催者側の日本人に次のように語った。

「原爆の投下は、戦争の結果なのだ。戦争と原爆を切り離すことはできない。日帝に抹殺されようとしていた我が民族を助け、解放したのはアメリカである。原爆は救いの神なのだ。

日本が反核を訴える資格があるかどうかが基本的な問題だ。資格のない国がいくら訴えたって、世界の人たちは納得しない。反核を訴えるのなら、原発をはじめ、様々な核問題を含めて問題とすべきであり、日本だけが唯一の被爆国だと偉そうに言うことは馬鹿げたことだ」

これに対して、応対した被爆二世、つまり被爆者の子どもであり、被爆の体験を持たない主催者の一人はこう答えた。

「旧日本軍が行なった侵略、あるいは植民地支配の側面について、日本国内できちんとした論議がなされていないことは認める。我々はもっと謙虚に反省しなければならない。

しかし反核の部分については、戦争の歴史観を越えたものなのです。人類の未来の問題なのです。核の廃絶を目指して、韓国の人たちと一緒に協力していくための素地を作っていきたいのです」

人間は時代とともに生きる存在である。今そこに、被爆した人たちが生きている以上、そして地球を破壊し尽くす核兵器が存在している以上、そのあるがままの姿を見ていかなければならない。

抑圧され、差別に悩む被爆者ほど、自らの苦しみを内に秘めている。同時にそこにあるのは、絶望にさらされた人々の、やむにやまれぬ祈りである。彼らの苦しみを理解することこそ、これからの社会のあり方を考える、ひとつの手がかりになるのではないだろうか。被爆者問題を今、考える意味のひとつは、そこにあると感じるのである。

この本は、私が放送局勤めを辞めて出版するはじめての本である。放送メディアが、現代の情報産業の基幹部分のひとつを受け持っていることは疑いの余地はない。しかし、その中に十数年間身を置きながら、情報をあまりにも早く、そして大量に処理していくことに、疑問を覚えるようになった。それぞれのニュースの持つ意味を、もっと深く取材して考えたい、そう思うようになったのである。

その一方、ニュース担当のデスクという立場は、長時間にわたって局内に拘束され、私自身の関心あるテーマを十分掘り下げることができなかった。そして私は、自分の心の声に従ったのである。

しかし同じマスメディアの世界とはいえ、放送と出版の畑の違いは大きく、戸惑うことも多かった。そんな私に、ジャーナリストの立石泰則さんは様々な助言をして下さった。九州大学法学部長の石川捷治さんは、不肖の弟子を温かく支えて下さった。また、出版を決断して下さった石風社の福元満治さんにお礼を申し上げたい。

最後になりましたが、原圭三さん、宮川裕行さんをはじめ、貴重な時間を割いて取材に応じて下さった多くの方々、私を応援して下さったたくさんの人たちに改めて深謝します。そして私に名前を与えてくれた両親、昌樹と順子に感謝します。

みなさん、ありがとうございました。

戦争の世紀　最後の年の初夏に

中村尚樹

中村尚樹（なかむら・ひさき）

1960年、鳥取市生まれ。九州大学法学部卒。
1983年、ＮＨＫに記者として入局。
岡山放送局ニュースデスクを最後に、1999年に独立。
現在フリージャーナリスト、九州大学法学部講師。
共著に『地域から問う国家・社会・世界』（ナカニシヤ出版）

E-mail:hisaki@nakamura. email. ne. jp
URL http://www. ne. jp/asahi/spain/freedom/

名前を探る旅

二〇〇〇年八月十五日初版第一刷発行

著者 中村尚樹
発行者 福元満治
発行所 石風社
福岡市中央区大手門一丁目八番八号 〒810-0074
電話 〇九二（七一四）四八三八
ファクス 〇九二（七二五）三四四〇
印刷 株式会社チューエツ
製本 篠原製本株式会社

中村 哲

医は国境を越えて

貧困・戦争・民族の対立・近代化――世界のあらゆる矛盾が噴き出す文明の十字路パキスタン・アフガンの地で、貧困に苦しむハンセン病患者の治療と、想像を超える峻険な山岳地帯の無医村診療を、15年に亘って続ける一人の日本人医師の、壮絶な苦闘の記録　四六判　二〇〇〇円

中村 哲

ダラエ・ヌールへの道

［NGO関係者必読の書］ひとりの日本人医師が、現地との軋轢、日本人ボランティアの挫折、自らの内面の検証等、血の噴き出す苦闘を通して、ニッポンとは何か、「国際化」とは何かを根底的に問い直す渾身のメッセージ　四六判　二〇〇〇円

中村 哲

ペシャワールにて

〈増補版〉

癩《らい》そしてアフガン難民

数百万人のアフガン難民が流入するパキスタン・ペシャワールの地で、らい患者と難民の診療に従事する日本人医師が、高度消費社会に生きる私たち日本人に向けて放った、痛烈なメッセージ　四六判　一八〇〇円

宮崎静男

絵を描く俘虜《ふりょ》

満州シベリア体験を核に、魂の深奥を折々に綴った一画家の軌跡。十五歳で満蒙開拓青少年義勇軍に志願、十七歳で関東軍兵士としてシベリア抑留、二十二歳で帰国。土工をしつつ画家を志した著者が、虚飾のない文章で記す感動のエッセイ　四六判　二〇〇〇円

［絵・文］エステル・石郷　［訳］古川暢朗

ローン・ハート・マウンテン

日系人強制収容所の日々

〝パール・ハーバー〟に対する「報復」として、日系人十一万人が強制収容所に抑留された。日系人の妻として三年余の収容所生活を送った白人の画家が、一一〇葉のスケッチと淡々とした文章で綴った感動の画文集　A4判変型　二〇〇〇円